Le 11 se,

MW01709539

Avec tout mon amour,

Lise Bourbeau

Distribué au Québec par :

Québec-Livres
2185 Aut. des Laurentides
Laval (Québec)
H7S 1Z6
CANADA
Tél. : (450) 687-1210
Fax : (450) 687-1331

Distribué en Suisse par :

Diffusion Transat SA
Route des jeunes, 4ter
Case postale 1210
1211 Genève 26
SUISSE
Tél. : 022/342 77 40
Fax : 022/343 46 46

Distribué en France par :

D.G. Diffusion
Rue Max PLANCK
B.P. 734
31683 LABEGE CÉDEX
FRANCE
Tél. : (05) 61 00 09 99
Fax : (05) 61 00 23 12

Distribué en Belgique par :

Vander
Avenue des Volontaires 321
1150 Bruxelles
BELGIQUE
Tél. : (02) 761 12 12
Fax : (02) 761 12 13

Dépôt légal:
Bibliothèque Nationale du Québec
Bibliothèque Nationale du Canada
Bibliothèque Nationale de France
Deuxième trimestre 2002
ISBN: 2-920932-22-5
Première édition
Publié par:
Les Éditions E.T.C. Inc.
1102, boul. La Sallette
Bellefeuille, Québec
J0R 1A0 CANADA
Tél. : (514) 875-1930 ou (450) 431-5336
Amérique du Nord : 1-800-361-3834
Télécopieur : (450) 431-0991
info@leseditionsetc.com
www.leseditionsetc.com

LISE BOURBEAU

Une année de prises de conscience

avec

ÉCOUTE TON CORPS

ÉDITIONS E.T.C. INC

Autres livres de LISE BOURBEAU

ÉCOUTE TON CORPS, ton plus grand ami sur la Terre
(ce livre est traduit en anglais, espagnol, italien, allemand, russe, roumain, portugais, lithuanien et bientôt en polonais)

ÉCOUTE TON CORPS, ENCORE! (Tome 2)
(ce livre est traduit en russe)

QUI ES-TU?
(ce livre est traduit en italien et en roumain)

JE SUIS DIEU, WOW!

TON CORPS DIT : "AIME-TOI!"
(ce livre est traduit en espagnol, allemand, russe et bientôt en polonais)

LES 5 BLESSURES QUI EMPÊCHENT D'ÊTRE SOI-MÊME
(ce livre est traduit en anglais, allemand, russe et en italien)

COLLECTION ÉCOUTE TON CORPS :

- Les relations intimes (Livre #1)
  (ce livre est traduit en russe)
- La responsabilité, l'engagement et la culpabilité (Livre #2)
  (ce livre est traduit en russe)
- Les peurs et les croyances (Livre #3)
  (ce livre est traduit en russe)
- Les relations parents et enfants (Livre #4)
- L'argent et l'abondance (Livre #5)
  (ce livre est traduit en italien)
- Les émotions, les sentiments et le pardon (Livre #6)
  (ce livre est traduit en russe)
- La sexualité et la sensualité (Livre #7)

LA COLLECTION ROUMA *(livres pour enfants)*

- La découverte de Rouma
- Janie la petite

Consultez le catalogue des produits Écoute Ton Corps à la fin de ce livre.

Remerciements

Je tiens à remercier tous ceux et celles qui ont contribué à la réalisation de ce livre et, en particulier, l'équipe d'ETC qui a, pendant plusieurs mois, mis en pratique tous les exercices suggérés dans cette œuvre. Leur collaboration a permis de perfectionner ce livre afin de le rendre le plus accessible possible à tous mes lecteurs.

Je remercie aussi tous les clients et clientes de mes stages qui m'aident sans cesse à élargir mes connaissances et mes expériences. Leur apport me permet de continuer à écrire et à avoir de nouvelles idées.

TABLE DES MATIÈRES

INTRODUCTION

Ce livre se veut non seulement un outil pour t'aider à faire des prises de conscience, mais il représente aussi un moyen pour devenir conscient de ce qui a été intégré jusqu'à maintenant de la philosophie de vie proposée par Écoute Ton Corps.

Comme ce livre utilise surtout le langage et les termes propres aux enseignements d'Écoute Ton Corps, il se peut que, si ceci est ta première expérience avec cette approche, tu éprouves une certaine résistance. Il est donc suggéré de lire les livres Écoute ton corps tome 1 et Écoute ton corps, encore! ou de suivre l'atelier Écoute ton corps, niveau un pour te faciliter le travail suggéré dans cet ouvrage.

Tout au long des 52 semaines, il y aura différents exercices à faire, tels que t'observer, prendre des notes, faire des listes, noter tes peurs, vérifier certaines de tes attitudes avec tes semblables et observer tes proches.

Si tu trouves désagréable le fait d'avoir à questionner les gens autour de toi, tu peux les approcher en leur expliquant que cela fait partie d'une action à poser dans le cadre du livre que tu lis. Tu découvriras rapidement à quel point ce genre de questionnement ou de partage s'avère un outil formidable pour améliorer ta communication avec eux.

De plus, je t'incite à ne pas insister pour avoir les bonnes réponses. Il n'y a pas de bonnes ou de mauvaises réponses. Il n'y a que des prises de conscience à faire. Cette recommandation s'adresse particulièrement aux perfectionnistes qui ne veulent pas se tromper.

Il est aussi plus que probable que certains sujets soient plus difficiles pour toi à répondre ou qu'ils provoquent une certaine résistance de ta part. Il est donc important que tu te donnes le droit de prendre plus de temps pour ces derniers, peut-être même plusieurs semaines, au lieu d'une semaine comme prévu.

De plus, il se peut que tu choisisses d'éviter complètement certains sujets qui ne te conviennent pas au moment où ils sont suggérés dans ce livre. Il serait sage cependant de noter ce qui t'empêche de te sentir bien avec ces thèmes avant de les reporter à plus tard.

Faire un tel travail de prises de conscience demande une grande discipline. Chacun est libre de prendre le temps nécessaire pour compléter les 52 semaines. Voilà une bonne occasion pour les personnes rigides de devenir plus flexibles même si elles sont tentées de s'imposer un travail rigoureux!

Comme cet ouvrage est un outil pour stimuler la conscience , utilise-le comme tel à chaque moment possible. Par exemple, lorsqu'il te semble impossible de faire un travail tel que demandé, ne te l'impose pas; profite plutôt de l'occasion pour devenir conscient des peurs ou des croyances qui t'en empêchent et donne-toi le droit d'avoir ces peurs pour le moment.

Par ailleurs, il est possible que tu décides de travailler plus intensément sur certains sujets qui t'intéressent davantage et que tu t'y concentres pendant plusieurs semaines. Quelle que soit la façon choisie d'aller de l'avant avec ce livre, reste assuré que ce sera la bonne pour toi. Le plus important consiste à garder présent à l'esprit le but de ce livre : devenir de plus en plus conscient de qui tu es et de ta capacité de diriger toi-même ta vie.

Une autre suggestion pour faciliter la lecture et le travail proposé dans ce livre consiste à le placer dans un endroit bien à la vue afin que tu puisses lire la page de chaque jour en début de journée.

Tous les exercices de ce livre peuvent être recommencés d'une année à l'autre. Je te suggère de noter les résultats de chaque semaine et, lorsque tu décideras de t'y remettre dans un an ou deux, ces notes te permettront de comparer le chemin parcouru depuis la première lecture.

Bonne lecture et bonnes prises de conscience!

N.B. : L'emploi du masculin ne vise qu'à simplifier la présentation et la lecture du texte.

Semaine 1

L'engagement

Il ne peut y avoir d'amour véritable sans engagement.

Lundi

Aujourd'hui, je me rappelle l'importance de savoir m'engager, c'est-à-dire de me lier en faisant une promesse ou une entente avec moi-même et avec les autres. Je réalise que le fait de m'engager donne une direction à ma vie.

J'éprouve des difficultés à m'engager dans quels domaines ?

Mardi

Aujourd'hui, je prends du temps pour me rappeler, dans la mesure du possible, mes engagements et je note sur papier ceux déjà pris avec moi-même depuis trois mois.

Quels engagements ai-je tenus et ceux dont j'ai manqués et comment je me sens dans les deux cas?

Mercredi

Aujourd'hui, je m'arrête un instant pour me rappeler le plus d'engagements possible pris avec les autres et j'inscris sur du papier ceux déjà pris depuis trois mois.

Quels sont les engagements respectés et rompus et comment je me sens dans les deux cas?

Semaine 1 - L'engagement

Jeudi

Aujourd'hui, je réalise qu'un engagement doit toujours être pris par amour et non par peur. Je regarde les engagements qui ont été pris par peur depuis trois mois et j'accepte que ce genre d'engagement est beaucoup plus difficile à tenir.

Quelles peurs m'ont forcé à m'engager?

Vendredi

Aujourd'hui, je réalise que les engagements que je prends doivent être tenus ou rompus par amour pour moi et non par peur de quelqu'un ou de quelque chose. Parmi ceux qui ne répondaient pas à mon besoin, je note ceux que j'ai respectés ou ceux que je n'ai pas maintenus depuis trois mois.

Quelles peurs me motivent à honorer mes engagements ou à les manquer?

Samedi

Aujourd'hui, je fais la révision des peurs découvertes. Je sais que ces peurs créées sont des personnages internes qui veulent me protéger. Je les remercie et je les rassure que je peux, à partir de maintenant, gérer mes propres décisions.

Je me sens comment à accepter ainsi mes peurs?

Dimanche

Aujourd'hui, je prends la décision de m'engager dans les différents domaines de ma vie, en me basant sur ce que je veux véritablement. Je me rappelle que je peux toujours me désengager de toute promesse car je suis prêt à assumer les conséquences de mes désengagements.

Quelles sont mes résolutions pour l'année à venir, face à moi-même et face aux autres?

Semaine 2

Cause à effet

L'effet se retrouve toujours dans la cause, comme le fruit existe déjà dans la graine.

Semaine 2 - Cause à effet

Lundi

Aujourd'hui, je réalise que la grande loi universelle de cause à effet s'applique à tout et à tous, que nous y croyions ou non. Cette loi est immuable. Elle nous fait réaliser que la récolte est toujours en fonction de la semence. Elle porte plusieurs appellations : l'effet boomerang, la récolte est selon la semence, la loi du retour, le karma.

Est-ce que j'accepte et j'applique cette loi dans tous les domaines de ma vie?

Mardi

Aujourd'hui, je prends conscience que l'effet de toute cause, c'est-à-dire la récolte, est toujours selon mon intention au moment où la cause est mise en mouvement. Je ne récolte pas nécessairement la même action, même si parfois il est possible que cela se produise. Par contre, je peux être assuré que tout ce qui m'arrive d'agréable et de désagréable symbolise toujours l'effet d'une cause que j'ai mise en mouvement, que ce soit d'une façon consciente ou non.

Comment puis-je devenir plus conscient de mes intentions?

Mercredi

Aujourd'hui, je prends du temps pour noter tout ce que j'ai récolté de désagréable depuis un an dans les différents domaines de ma vie. Ensuite, je vérifie si je peux faire le lien avec certaines de mes actions et mes motivations qui sont la cause de cette récolte.

Je me sens comment à l'idée d'accepter la responsabilité de cette semence?

Semaine 2 - Cause à effet

Jeudi

Aujourd'hui, je m'arrête un instant pour inscrire tout ce que j'ai récolté d'agréable depuis un an dans les différents domaines de ma vie. Ensuite, je vérifie si je peux associer ces résultats avec certaines de mes actions et motivations qui ont pu être la cause de cette récolte.

Je me sens comment à l'idée d'accepter la responsabilité de cette semence?

Vendredi

Aujourd'hui, j'accepte de ne pas toujours être conscient de la cause derrière ce que je récolte d'agréable et de désagréable dans ma vie.

Puis-je accepter ce qui se produit même si je ne connais pas, pour le moment, la cause que j'ai mise en mouvement?

Samedi

Aujourd'hui, je fais une liste des attitudes et des comportements que je veux récolter des autres. Je découvre ainsi les attitudes et les comportements que je dois moi-même adopter, mettant ainsi une nouvelle cause en mouvement, ce qui entraînera un nouvel effet.

Je prends quelle décision à partir d'aujourd'hui?

Dimanche

Aujourd'hui, j'énumère tout ce que je veux récolter au niveau matériel dans ma vie. Je note les attitudes et les comportements à adopter qui deviendront la semence de la prochaine récolte.

Quelle est la décision que je prends à partir d'aujourd'hui?

Semaine 3

L'amour de soi

Le moyen par excellence pour récolter de l'amour des autres est de s'aimer véritablement d'abord

Semaine 3 - L'amour de soi

Lundi

Aujourd'hui, je prends du temps pour méditer sur l'amour de soi, c'est-à-dire sur l'amour inconditionnel de soi. Ce type d'amour est vécu à chaque instant où je m'accepte en tant qu'humain, avec mes limites humaines.

Dans quel domaine ai-je de la difficulté à m'accepter?

Mardi

Aujourd'hui, je fais la liste des peurs, des faiblesses, des difficultés et des défauts qui m'habitent. Je réalise que m'aimer signifie me permettre d'être ce que j'ai inscrit, même si je ne suis pas d'accord.

À quel point puis-je me l'autoriser, me donner le droit d'être humain?

Semaine 3 - L'amour de soi

Mercredi

Aujourd'hui, j'énumère les qualités, les forces et les talents qui me viennent facilement ou que j'ai développés. Je réalise que m'aimer signifie me permettre d'être ce qui est noté sur cette liste sans avoir peur de me prendre pour un autre et sans avoir à me justifier. En plus, c'est m'autoriser de les mettre à profit.

À quel point puis-je me prévaloir de ces qualités sans considérer cela injuste?

Jeudi

Aujourd'hui, je fais la différence entre l'amour divin et l'égoïsme. J'arrête de croire que penser à moi et oser dire non à quelqu'un qui me demande quelque chose signifie être égoïste. Au contraire, c'est de l'amour. Être égoïste signifie enlever quelque chose à l'autre pour son propre plaisir.

Est-ce que je peux dire non à ceux que j'aime sans me sentir coupable?

Vendredi

Aujourd'hui, je prends quelques instants pour me demander « qu'est-ce qui me ferait plaisir aujourd'hui? » en ne rejetant pas la première idée qui me vient à l'esprit. J'utilise plutôt mon intellect pour m'aider à manifester ce désir.

Suis-je capable de me faire plaisir sans me sentir coupable?

Samedi

Aujourd'hui, j'accepte l'idée que j'ai le droit de faire des demandes sans croire que j'abuse de l'autre ou sans présumer que je serai en dette envers l'autre. Je reconnais que l'autre peut vouloir me donner par amour, sans attentes.

Ai-je de la difficulté à demander et, si oui, pourquoi?

Dimanche

Aujourd'hui, je me demande : « Si toutes les circonstances étaient parfaites dans ma vie, qui est-ce que je voudrais être? » Je laisse venir le premier ÊTRE qui monte en moi et je note les actions et l'attitude intérieure que je décide de développer pour satisfaire ce besoin d'être.

Puis-je me donner le droit d'être qui je veux, même si d'autres ne sont pas d'accord?

Semaine 4

La créativité

L'humain crée sa vie sans cesse par ses pensées, ses paroles et ses actions.

Semaine 4 - La créativité

Lundi

Aujourd'hui, je me rappelle que je crée ma vie à partir de ce que je décide de faire ou non et que chaque décision est prise par amour pour moi ou par peur de quelqu'un ou de quelque chose. Je suis conscient que je ne crée pas toujours ce que je veux.

Dans quels domaines ai-je de la difficulté à créer les expériences que je veux vivre?

Mardi

Aujourd'hui, je réalise que pour créer quoi que ce soit, je dois utiliser les principes féminin et masculin en moi. Le principe féminin contacte les besoins de mon être et ma capacité de sentir, alors que le principe masculin élabore des moyens pour combler mes besoins grâce à sa partie rationnelle.

Est-ce que je sais bien utiliser mes deux principes pour créer ce que je veux?

Semaine 4 - La créativité

Mercredi

Aujourd'hui, j'accepte que ma spontanéité doive être exprimée le plus souvent possible, ce qui aide à retrouver ma créativité. Toutes mes idées spontanées viennent du centre de moi et non de mon intellect. C'est le principe féminin à l'œuvre.

Est-ce que je me permets d'être spontané souvent et, si non, pourquoi?

Jeudi

Aujourd'hui, je reconnais que lorsque me vient une idée spontanée, ça ne veut pas nécessairement dire que je dois la mettre en application tout de suite. Je laisse ma partie rationnelle décider du quand et du comment, tout en m'assurant que la décision est prise par amour pour moi, c'est-à-dire pour répondre à l'un de mes besoins, et non par peur de quelqu'un ou de quelque chose.

Je me sens comment à l'idée d'utiliser ma partie rationnelle pour manifester ce que je veux?

Semaine 4 - La créativité

Vendredi

Aujourd'hui, je fais une liste de tous les talents découverts en moi au fil des ans. J'y ajoute ceux que les autres me reconnaissent.

Est-ce que je mets à profit ces talents pour créer ma vie? Si non, de quoi ai-je peur?

Samedi

Aujourd'hui, je prends du temps pour noter les peurs qui m'ont empêché de créer ma vie telle que je la voulais depuis le dernier mois. J'accepte que ces peurs soient des parties mentales (croyances) en moi qui me protègent en me bloquant.

Suis-je capable de convaincre ces peurs (parties en moi) de ce que je veux vraiment?

Dimanche

Aujourd'hui, je me réserve un moment pour écrire tout ce que j'ai créé dans ma vie depuis un mois. Je note aussi les moyens utilisés ainsi que mon attitude intérieure adoptée pour produire ces créations. De plus, j'y ajoute comment je me sens à créer, en sachant que je peux réaliser tout ce que je veux et que j'ai tout ce qu'il faut pour assumer les conséquences de ce que je crée.

Puis-je décider de continuer à développer davantage ma créativité?

Semaine 5

La justice

L'injustice est une illusion de l'ego. Seule la justice divine existe.

Lundi

Aujourd'hui, je réalise que la justice est perçue selon ma vision du moment. Selon la vision dite « matérielle », il y a parfois de l'injustice dans la vie et, selon la vision dite « spirituelle », la justice divine existe.

Quelle est ma vision habituelle de la justice?

Mardi

Aujourd'hui, je fais une liste des injustices que je crois avoir subies venant de l'extérieur depuis un mois. En acceptant l'idée que je récolte toujours ce que je sème, je prends la responsabilité de ces injustices en sachant que j'ai eu besoin de ces incidents pour me connaître davantage, pour évoluer.

Que puis-je apprendre de ces injustices?

Mercredi

Aujourd'hui, j'admets qu'il y a autant de définitions humaines des mots justice et injustice qu'il y a d'humains sur cette planète. Je décide de me souvenir que chaque fois que je qualifie quelque chose ou quelqu'un de juste ou d'injuste, mon opinion peut différer de celle des autres. Je vérifie auprès de trois personnes la définition qu'elles donnent à ces deux mots.

Je me sens comment avec leur version de justice et d'injustice?

Jeudi

Aujourd'hui, je prends conscience que chaque fois que je vis des émotions, en particulier de la colère parce que je trouve inacceptable ce qui vient de se passer, je suis en train de vivre un sentiment d'injustice. J'ai donc avantage à vérifier ma notion de justice ainsi que celle de l'autre lorsque je vis une telle émotion.

Ai-je assez d'humilité pour agir ainsi?

Vendredi

Aujourd'hui, je révise mes deux dernières semaines et je fais une liste des occasions où je m'en suis voulu de faire, de dire, de ressentir ou de penser quelque chose envers quelqu'un d'autre. Je réalise que ce sentiment de culpabilité vient du fait que je me qualifie d'injuste.

Suis-je vraiment injuste ou ai-je agi au meilleur de mes capacités et de mes connaissances à chaque occasion?

Samedi

Aujourd'hui, je révise mes deux dernières semaines et je fais une liste des occasions où j'ai vécu de la colère contre moi-même. Je m'avoue que, chaque fois que je m'accuse, je suis très injuste envers moi-même. Plus je suis injuste envers moi, plus les autres le seront envers moi, et ce, afin de m'aider à revenir vers la justice.

Dans quels domaines ai-je le plus de difficulté à être juste envers moi-même?

Semaine 5 - La justice

Dimanche

Aujourd'hui, je sais que le moyen par excellence pour être juste envers moi-même et envers les autres est d'appliquer l'amour inconditionnel. Je réalise aussi que plus j'accepte que seule la justice divine existe sur cette planète, plus je vivrai dans l'harmonie et la paix intérieure.

Suis-je prêt à appliquer cette notion de justice divine dans mon quotidien?

Semaine 6

L'acceptation

Seule l'acceptation peut transformer une situation pour le mieux.

Lundi

Aujourd'hui, je me rappelle qu'accepter (au plan spirituel) signifie permettre, constater, observer que tel fait se produit ou que telle personne se comporte de telle façon, même si je ne suis pas d'accord ou même si je ne comprends pas ce genre de comportement.

À quel point suis-je capable de manifester ce genre d'acceptation, et ce, surtout avec mes proches?

Mardi

Aujourd'hui, je réalise que je peux accepter même si mon ego n'est pas d'accord, car celui-ci représente tout ce que j'ai appris, tout ce en quoi j'ai décidé de croire depuis déjà très longtemps. Je peux faire la différence entre être d'accord - qui est une notion matérielle - et accepter - qui est une notion spirituelle-.

Est-ce que la réalisation de cette différence peut m'aider à vivre davantage dans l'acceptation?

Mercredi

Aujourd'hui, je fais une liste de toutes les situations qui me sont arrivées depuis deux semaines où j'ai eu de la difficulté à accepter. Je note, en plus, la ou les peurs à côté de chaque incident qui m'ont empêché de vivre ces situations dans l'acceptation.

Quelle aurait été la façon de vivre ces expériences dans l'acceptation?

Jeudi

Aujourd'hui, je fais une liste de toutes les personnes qui m'entourent, dans ma vie personnelle et professionnelle, et qui sont difficiles pour moi à accepter. Je note à côté de chacune ce qui m'est difficile à accepter.

Quelles sont les découvertes que je fais en faisant cet exercice?

Semaine 6- L'acceptation

Vendredi

Aujourd'hui, je porte attention à ce que je vis et, parmi les incidents difficiles à accepter, j'en choisis un que je décide de vivre dans l'acceptation, c'est-à-dire que je décide de ne pas vouloir contrôler. Je lâche prise tout en sachant que ce n'est pas de la soumission mais bien de l'acceptation.

Je me sens comment avec cette décision?

Samedi

Aujourd'hui, je choisis une personne, parmi celles de mon entourage que je trouve difficiles à accepter, et je décide de vivre toute cette journée dans l'acceptation de cette personne. Je suis davantage attentif à ses qualités que j'oublie souvent de constater.

Je me sens comment avec cette expérience?

Dimanche

Aujourd'hui, je réalise qu'il est encore plus important de vivre dans l'acceptation de moi-même que d'accepter tout ce qui m'entoure. Les situations et les personnes autour de moi sont là pour m'aider à me pratiquer à vivre dans l'acceptation. Je décide donc de vivre cette journée complète dans l'acceptation de moi-même et, lorsque cela s'avère au-delà de mes capacités, je me donne le droit de ne pas toujours être capable de le faire.

Quels sont les avantages que je découvre à vivre dans l'acceptation?

Semaine 7

L'amour des autres

*On aime et on accepte les
autres au même degré que
l'on s'aime et s'accepte
soi-même.*

Lundi

Aujourd'hui, je prends du temps pour méditer sur l'amour des autres, c'est-à-dire sur l'amour inconditionnel. Ce genre d'amour est vécu lorsque j'accepte les autres en tant qu'humains, avec leurs limites humaines.

Quel type de personnes ai-je le plus de difficulté à accepter?

Mardi

Aujourd'hui, je fais la liste des peurs, des faiblesses, des difficultés et des défauts que je retrouve chez mes proches. Je réalise que les aimer signifie leur permettre d'être tout ce que j'ai noté, même si je ne suis pas d'accord.

À quel point puis-je les autoriser, leur donner le droit d'être humains?

Mercredi

Aujourd'hui, j'énumère les qualités, les talents et les forces qui se manifestent ou qui ont été développés par mes proches. Je réalise que les aimer signifie leur permettre d'être tout ce qui est inventorié sur cette liste, sans croire qu'ils se prennent pour quelqu'un d'autre ou sans être envieux. Les aimer implique également de les encourager à mettre à profit ces qualités.

À quel point puis-je autoriser la présence de ces qualités chez mes proches sans trouver cela injuste?

Jeudi

Aujourd'hui, je réalise qu'aimer les autres ne veut pas nécessairement dire accéder à toutes leurs demandes. J'accepte et je leur permets de faire leurs requêtes et, lorsque je décide de me prêter à ce qu'ils veulent, je le fais par amour et non par peur. Je n'ai donc aucune attente envers eux.

Suis-je capable de dire non à ceux que j'aime tout en n'ayant pas peur que ceux-ci doutent de mon amour envers eux?

Vendredi

Aujourd'hui, j'accepte l'idée qu'aimer les autres ne veut pas dire que je suis responsable de leur bonheur, de leur bien-être, de leur santé. Les aimer signifie plutôt les encourager à être responsables de leur vie, c'est-à-dire leur permettre d'assumer les conséquences de leurs choix et de leurs décisions.

Suis-je capable de leur laisser leur responsabilité sans me sentir coupable?

Samedi

Aujourd'hui, je me rends compte qu'il est normal et humain de vouloir donner des conseils et guider ceux que j'aime. Je décide de continuer à conseiller et à guider seulement après avoir vérifié si l'autre voulait bien se faire aider. Lorsque je donne un conseil, je permets à l'autre de le suivre ou non. C'est son choix. J'apprends ainsi à diriger plutôt qu'à contrôler.

Avec quelles personnes ai-je de la difficulté à guider sans attentes?

Dimanche

Aujourd'hui, je vérifie avec mes proches qui ils veulent être dans leur vie et je m'intéresse à leurs choix sans chercher à comprendre, surtout quand je ne suis pas d'accord. De plus, je vérifie comment ils se sentent dans qui ils veulent être.

Comment est ma capacité d'être objectif suite à l'écoute des désirs des autres?

Semaine 8

La foi

Le grand potentiel de l'être humain est accessible par la foi.

Semaine 8 - La foi

Lundi

Aujourd'hui, je prends du temps pour réfléchir à ce que le mot foi représente pour moi.

Quelle est mon attitude intérieure lorsque j'ai la foi?

Mardi

Aujourd'hui, je réalise qu'avoir la foi signifie jouir d'une confiance absolue en ma puissance intérieure. Je sais que tout est possible lorsque je me décide. Cependant, je reconnais que je dois poser des actions, sinon ça deviendrait une foi aveugle.

Selon cette définition, sur une échelle de 1 à 10, j'évalue le degré de ma foi à combien?

Mercredi

Aujourd'hui, j'écris une liste des circonstances où j'ai manqué de foi depuis un mois, dans les différents domaines de ma vie, c'est-à-dire là où j'ai omis de prendre une décision par peur de ne pas être capable d'y faire face.

Qu'est-ce que je découvre en faisant cet exercice?

Semaine 8 - La foi

Jeudi

Aujourd'hui, je me rends compte que chaque fois que je manque de foi, c'est une de mes croyances qui décide pour moi.

À quel point suis-je prêt à choisir en fonction de mes besoins plutôt que de laisser mes croyances décider pour moi?

Vendredi

Aujourd'hui, je choisis une des situations où j'ai manqué de foi et je décide de la nouvelle attitude dont j'ai besoin pour arriver à vivre cette situation dans la foi.

Que se passe-t-il en moi suite à cette décision?

Samedi

Aujourd'hui, je fais la liste des situations où j'ai eu la foi nécessaire pour réaliser certains désirs ou certaines demandes, sans stress et surtout sans aucun doute. De plus, je note quels ont été mon attitude et mon comportement dans ces situations.

Est-ce que je suis conscient à quel point avoir la foi m'apporte de l'énergie?

Dimanche

Aujourd'hui, je suis au courant que je peux reconnaître plus facilement lorsque j'ai la foi. Je le sais par la certitude intérieure qui m'habite. Je suis prêt à faire ce que je peux tout en respectant mes limites et, pour le reste, à la grâce de Dieu!

Quel acte de foi puis-je faire aujourd'hui?

Semaine 9

L'humilité

L'humilité ne peut être exprimée que par une personne consciente de sa grande valeur.

Semaine 9 - L'humilité

Lundi

Aujourd'hui, je prends du temps pour noter la différence entre être humble, être orgueilleux et être fier. Je note les aspects positifs et négatifs de ces différents états d'être.

Dans quel état d'être me vois-je le plus souvent parmi les trois mentionnés?

Mardi

Aujourd'hui, je réalise : 1) que j'ai un comportement orgueilleux chaque fois que je veux avoir raison et prouver que l'autre a tort; 2) qu'il n'y a jamais d'aspects positifs au fait d'être orgueilleux. Ce genre de comportement ne m'apporte que des désavantages.

Avec qui suis-je plus porté à être orgueilleux?

Mercredi

Aujourd'hui, je décide que je peux être fier de moi sans devenir nécessairement orgueilleux. Je vis de la fierté lorsque je me sens très heureux et satisfait de qui je suis ou d'un accomplissement mais sans l'utiliser pour abaisser quelqu'un d'autre.

De quoi suis-je fier de moi depuis un mois et je me sens comment à me reconnaître ainsi?

Jeudi

Aujourd'hui, je me rends compte que, lorsque j'éprouve de la fierté et que je suis capable de la ressentir au plus profond de moi sans en parler aux autres, ça devient de l'humilité.

Dans quels domaines suis-je capable d'être humble?

Vendredi

Aujourd'hui, je découvre que je suis humble lorsque j'accepte que quelqu'un ait une opinion différente de la mienne et que je n'essaie pas de le convaincre de mon idée. Je suis humble lorsque je peux reconnaître une faiblesse ou une erreur de ma part, sans me sentir coupable ou abaissé; je me donne ainsi le droit d'être humain.

Combien de fois ai-je eu un comportement d'humilité depuis deux semaines?

Samedi

Aujourd'hui, je réalise que chaque fois que mon orgueil prend le dessus, cela m'indique que je vis de la peur pour moi : d'être pris en défaut, critiqué ou rejeté, ce qui revient toujours à la peur de ne pas être aimé, reconnu ou accepté.

Quelles sont les peurs qui m'habitent lorsque je choisis de réagir avec orgueil plutôt qu'avec humilité?

Semaine 9 - L'humilité

Dimanche

Aujourd'hui, je me rappelle qu'être humble ne signifie pas être soumis ou ne pas donner mon opinion ou ne pas être fier de moi. Je suis humble quand je me reconnais à ma juste valeur mais sans vouloir impressionner les autres ou chercher à les convaincre.

Je me sens comment à l'idée de choisir l'humilité dans ma vie quotidienne?

Semaine 10

La transparence

La transparence est l'antidote par excellence de la honte.

Lundi

Aujourd'hui, je médite sur la signification du mot transparence.

Parmi mes proches, quels sont ceux que je considère comme transparents et sur quoi je me base pour arriver à cette conclusion? Est-ce que j'estime cet état d'être avantageux ou non?

Semaine 10 - La transparence

Mardi

Aujourd'hui, je reconnais qu'une personne est transparente lorsqu'elle peut se révéler et surtout parler spontanément des parties d'elle-même qu'elle n'accepte pas. Elle est naturelle.

Dans quels domaines puis-je être transparent de cette façon?

Mercredi

Aujourd'hui, je prends du temps pour bien observer la transparence des enfants nouveaux. Je réalise que les adultes méprennent leur transparence pour de l'insolence ou de l'impolitesse.

Lorsque je m'efforce d'être poli, suis-je vraiment naturel et transparent?

Jeudi

Aujourd'hui, je suis conscient que lorsque je censure ce que je me prépare à dire, je ne suis pas transparent.

Avec qui suis-je porté à me retenir et quelles sont les peurs qui prennent le dessus sur ma transparence?

Vendredi

Aujourd'hui, je vérifie avec au moins trois de mes proches à quel degré ils me considèrent comme une personne transparente, sur une échelle de 1 à 10.

Je me sens comment avec la réponse reçue?

Samedi

Aujourd'hui, je prends du temps pour noter les avantages et les désavantages d'être le plus transparent possible.

Est-ce que les désavantages trouvés sont basés sur la réalité ou sur des peurs?

Semaine 10 - La transparence

Dimanche

Aujourd'hui, je décide que j'ai avantage à être plus transparent, ce qui signifie n'être rien d'autre que moi-même, être naturel, tout en sachant que je vais être aimé et apprécié quand même.

Quels seront mes nouveaux comportements en tant que personne transparente?

Semaine 11

Le repos

Les corps émotionnel et mental ont autant besoin de repos que le corps physique a besoin d'air.

Semaine 11 - Le repos

Lundi

Aujourd'hui, je réfléchis sur ce que signifie pour moi me reposer. De plus, je me rappelle ce que j'ai appris de mes parents à ce sujet.

Est-ce que j'entretiens les mêmes croyances que mon père ou celles de ma mère dans ma façon de me reposer?

Mardi

Aujourd'hui, je deviens conscient qu'il est nécessaire de reposer mes corps mental, émotionnel et physique afin de vivre de façon équilibrée et harmonieuse.

Lequel des trois corps ai-je de la difficulté à reposer?

Mercredi

Aujourd'hui, je prends du temps pour reposer mon corps mental par la contemplation de la nature, en silence, pendant au moins une demi-heure, deux fois durant la journée.

À quel point suis-je capable d'arrêter de penser pour seulement contempler ou observer?

Semaine 11 - Le repos

Jeudi

Aujourd'hui, je prends du temps pour reposer mon corps émotionnel en ayant de la gratitude pour tout ce que j'ai reçu et pour ce que je continue de récolter dans ma vie quotidienne. La gratitude a pour effet de calmer et reposer le corps émotionnel.

Je me sens comment à dire merci pour ce que j'ai, plutôt que de désirer ce que je n'ai pas?

Vendredi

Aujourd'hui, je prends au moins une heure pour reposer mon corps physique en ne faisant rien ou en réalisant une activité qui me repose beaucoup.

Est-il facile pour moi de me reposer physiquement sans me sentir coupable ou sans me justifier?

Samedi

Aujourd'hui, je deviens conscient des peurs qui m'habitent et qui m'empêchent de me reposer à tous les jours sans me sentir coupable.

De quoi ai-je peur d'être jugé si mes proches me voient en train de me reposer?

Semaine 11 - Le repos

Dimanche

Aujourd'hui, je décide que le repos est un besoin vital pour ma santé physique et psychologique et qu'il est sage et intelligent de m'en occuper. Je suis la seule personne à pouvoir le faire.

Je me sens comment avec cette décision et à l'idée d'en faire part à mes proches?

Semaine 12

Le courage

Le courage est nécessaire pour dépasser ses limites et découvrir son potentiel.

Semaine 12 - Le courage

Lundi

Aujourd'hui, je me rappelle qu'une personne courageuse est celle qui, même si elle a peur de passer à l'action, le fait quand même. Ce qu'elle veut est plus fort que sa peur.

Sur une échelle de 1 à 10, à quel degré suis-je une personne courageuse?

Mardi

Aujourd'hui, je prends du temps pour observer mes proches et noter dans quelles circonstances ils sont courageux.

Est-ce que je les admire ou est-ce que je leur reproche leur comportement?

Mercredi

Aujourd'hui, j'écris les occasions où j'ai été courageux depuis un mois. Je note aussi les moments où j'ai manqué de courage.

Je me sens comment dans les deux types de comportement?

Jeudi

Aujourd'hui, je note les peurs qui m'habitent le plus couramment lorsque je manque de courage.

Ai-je surtout peur des résultats possibles ou peur de l'opinion de certaines personnes?

Vendredi

Aujourd'hui, je vérifie avec les personnes qui m'entourent si elles me voient comme quelqu'un de courageux. Je leur demande de me donner des exemples d'actes de courage et des exemples où le courage me manquait.

Est-ce que je découvre des aspects de moi encore inconscients?

Samedi

Aujourd'hui, je décide de poser trois actions qui dénotent du courage et je prends le temps de noter ce que je vis et, surtout, je me sens comment dans chaque situation.

Est-ce que je peux être fier de moi et accepter mon choix de passer à l'action plutôt que de douter de moi?

Dimanche

Aujourd'hui, je fais une liste des avantages et des désavantages à être de plus en plus courageux. Je crée une affirmation que je répéterai pour me rappeler les bénéfices à être courageux.

Quelle est ma décision et je me sens comment avec cette décision?

Semaine 13

La force

La force intérieure est une caractéristique de l'être humain trop peu reconnue.

Semaine 13 - La force

Lundi

Aujourd'hui, j'accepte l'idée que les humains naissent avec différentes forces physiques et psychologiques (forces émotionnelles et mentales). Elles dépendent du plan de vie de chacun.

Quelles sont les forces physiques et psychologiques que je me reconnais?

Mardi

Aujourd'hui, je vérifie avec ceux qui me connaissent quelles sont les forces physiques et psychologiques qu'ils voient en moi (force psychologique est aussi appelée force de caractère)?

Me reconnaissent-ils les mêmes forces que je me suis trouvées? Si non, je me sens comment avec ce qu'ils voient?

Mercredi

Aujourd'hui, je révise les forces physiques qui m'appartiennent. J'inclus toutes les circonstances où j'ai une bonne endurance physique.

Est-ce que j'utilise ces forces à leur maximum? Si non, qu'est-ce qui me retient?

Semaine 13 - La force

Jeudi

Aujourd'hui, je reviens sur les forces psychologiques qui m'appartiennent, c'est-à-dire tous les traits de caractère qui ressortent en force.

Est-ce que j'utilise ces forces à leur maximum? Si non, qu'est-ce qui me retient?

Vendredi

Aujourd'hui, je fais une liste de toutes les forces qui m'appartiennent, autant physiques que psychologiques, et que je n'utilise pas à leur maximum. Je note les peurs qui bloquent chacune de ces forces.

Est-ce que ces peurs sont vraiment réelles (un danger réel) ou irréelles (qui viennent de l'imagination ou de la mémoire)?

Samedi

Aujourd'hui, je prends la décision d'utiliser au moins trois de mes forces physiques dans la semaine qui vient. Je fais part de ma décision à une autre personne.

Je me sens comment à l'idée de passer à l'action?

Dimanche

Aujourd'hui, je prends la décision d'utiliser au moins trois de mes forces psychologiques dans la semaine à venir. Je fais part de ma décision à une autre personne.

Je me sens comment à l'idée de faire l'expérience de ma force de caractère?

Semaine 14

L'abondance

Vivre dans l'abondance permet de donner. Vivre dans le manque maintient la personne dépendante des autres.

Semaine 14 - L'abondance

Lundi

Aujourd'hui, je me rappelle que l'abondance se situe au niveau du monde matériel, surtout dans le domaine du avoir. Le contraire de l'abondance est le manque.

Dans le moment, est-ce que je vis plus dans l'abondance ou dans le manque?

Mardi

Aujourd'hui, j'évalue, sur une échelle de 1 à 10, mon degré d'abondance dans les domaines suivants : biens matériels – argent – connaissances – amis – famille – compliments – énergie – sexualité – bonnes relations intimes – bonnes relations au travail.

Je me sens comment avec ce que je découvre? Est-ce mieux ou pire que ce que je croyais?

Mercredi

Aujourd'hui, j'accepte l'idée qu'il est plus intelligent de vivre dans l'abondance que dans le manque. Cela me permet une plus grande paix d'esprit, ce qui favorise une démarche intérieure.

Est-ce que je me permets l'idée de vivre dans l'abondance, dans tous les domaines, sans me sentir coupable?

Jeudi

Aujourd'hui, je vérifie et je note les domaines où j'ai de la difficulté à vivre dans l'abondance. J'inscris à côté de chaque item les peurs qui me maintiennent dans le manque.

Est-ce que je reconnais ces mêmes peurs chez mon père et chez ma mère? Dois-je continuer à alimenter les mêmes peurs qu'eux?

Vendredi

Aujourd'hui, je me pose la question suivante : « Le fait de vivre un manque dans tel domaine empêche quoi dans ma vie? » La réponse à cette question m'indique ce que je veux vraiment.

Que pourrait-il m'arriver de désagréable si je m'autorisais ce que je veux?

Semaine 14 - L'abondance

Samedi

Aujourd'hui, je révise les peurs et les croyances découvertes cette semaine. Je me rends compte que je suis la seule personne responsable de ces manques, tant et aussi longtemps que je continue à entretenir les mêmes peurs et croyances.

Quelle décision puis-je prendre aujourd'hui : celle de continuer ainsi ou celle de passer à une nouvelle façon de penser?

Dimanche

Aujourd'hui, j'accepte de plus en plus que j'ai droit à toute l'abondance que je désire dans ma vie. Elle est bénéfique pour moi dans la mesure où elle ne crée pas d'attachement, de dépendance et de peurs et qu'elle m'aide plutôt à devenir conscient de mon grand pouvoir de créer.

Je me sens comment avec l'idée de considérer l'abondance comme quelque chose de naturel dans ma vie quotidienne?

Semaine 15

La prospérité

La prospérité est l'état naturel de celui qui reconnaît sa valeur.

Lundi

Aujourd'hui, je me rends compte que la prospérité représente un état d'être intérieur qui n'a rien à voir avec ce que je possède ou non. Être prospère, c'est savoir qu'il y aura toujours ce dont j'ai besoin au moment où j'en ai besoin.

Quel est mon degré de prospérité dans le moment?

Semaine 15 - La prospérité

Mardi

Aujourd'hui, je me rappelle que le contraire de la prospérité est la pauvreté qui se reflète par un état qui, tout comme la prospérité, n'a aucun lien avec la quantité de biens possédés. Une personne peut posséder beaucoup de biens, mais, si elle a peur de les perdre, elle vit dans un état de pauvreté.

Dans quels domaines de ma vie est-ce que je vis davantage en état de pauvreté?

Mercredi

Aujourd'hui, je porte attention aux trois domaines où je vis le plus de difficultés dans mon quotidien.

Est-ce que je me rends compte que, dans ces secteurs, je suis davantage dans un état de pauvreté plutôt que dans celui de la prospérité?

Jeudi

Aujourd'hui, je réalise que chaque fois que quelqu'un dit ou pense de moi « Pauvre lui!/Pauvre elle! », cela indique mon état de pauvreté. Il en est ainsi quand je pense aussi de cette façon vis-à-vis de moi-même. Je vérifie auprès de ceux que je connais pour apprendre dans quels domaines ils pensent ceci de moi.

Je me sens comment avec leur réponse?

Vendredi

Aujourd'hui, je prends le temps de noter, à la fin de la journée, toutes les fois où je me suis plaint parce que je me trouvais malchanceux ou défavorisé. Je réalise que cette attitude me garde dans un état de pauvreté et qu'elle m'amène à devenir victime.

Quelle attitude nouvelle puis-je adopter à partir d'aujourd'hui?

Samedi

Aujourd'hui, je prends le temps d'inscrire, à la fin de la journée, toutes les fois où j'ai pensé ou dit à quel point je me trouve chanceux ou favorisé par l'Univers. Je réalise qu'avec cette attitude, je suis en état de prospérité.

Est-ce que je saisis tous les avantages à être dans cet état plutôt que dans celui de la pauvreté?

Dimanche

Aujourd'hui, je me rends compte qu'il est important pour moi de développer l'état de prospérité avant de vouloir vivre dans l'abondance. Sans cet état de prospérité, l'abondance ne dure pas, car elle est basée sur la peur.

Que suis-je prêt à faire pour vivre dans un état perpétuel de prospérité?

Semaine 16

Le respect

Il ne peut y avoir d'amour véritable sans respect.

Semaine 16 - Le respect

Lundi

Aujourd'hui, je me rappelle que me respecter signifie accepter que je sois différent des autres ainsi que me permettre de prendre l'espace vital nécessaire à l'expression de qui je suis.

À quel point suis-je capable de me respecter?

Mardi

Aujourd'hui, je me rappelle que respecter les autres signifie accepter qu'ils soient différents de moi, avoir de la considération pour eux et me conformer à l'espace vital qui leur est nécessaire pour exprimer qui ils sont.

À quel point suis-je capable de respecter mes proches?

Mercredi

Aujourd'hui, je réalise que chaque fois que j'interfère ou que je veux contrôler la façon de penser ou de vivre de mes proches, cela signifie que je leur manque de respect.

Pourquoi est-ce si difficile pour moi de respecter certaines personnes parmi mes proches?

Jeudi

Aujourd'hui, je me rends compte que chaque fois que je laisse quelqu'un d'autre me contrôler ou décider pour moi sans que je le veuille, je me manque de respect.

Quelles sont les personnes autour de moi à qui je permets de me manquer de respect?

Vendredi

Aujourd'hui, je fais une liste de toutes les fois où je me suis manqué de respect depuis deux semaines ainsi que les fois où j'ai laissé quelqu'un d'autre être irrespectueux envers moi.

Quelles peurs m'empêchent de me respecter ou de me faire respecter?

Samedi

Aujourd'hui, j'énumère toutes les occasions où j'ai manqué de respect envers quelqu'un d'autre, dans mon entourage, depuis deux semaines.

Quelles peurs m'incitent à avoir ce comportement irrespectueux?

Dimanche

Aujourd'hui, je réalise que si je veux récolter le respect des autres, je dois commencer par me respecter moi-même, c'est-à-dire devenir respectable.

Quelles sont les actions à faire et l'attitude à adopter à partir de maintenant pour vivre dans le respect?

Semaine 17

Le silence

Le silence favorise l'écoute de notre Dieu intérieur qui sait exactement ce dont nous avons besoin.

Semaine 17 - Le silence

Lundi

Aujourd'hui, je prends du temps pour vérifier combien de moments de silence je me suis alloués depuis deux semaines et combien de minutes ou d'heures ces instants représentent.

Je me sens comment durant mes moments de silence?

Mardi

Aujourd'hui, je note les avantages de me permettre des moments de silence régulièrement en considérant aussi la méditation comme un temps de silence.

Est-ce que je peux me permettre ces avantages ou est-ce difficile pour moi?

Mercredi

Aujourd'hui, j'écris tout ce qui m'a empêché jusqu'à maintenant de vivre autant de moments de silence que je le désirais au quotidien. Je réalise que ce sont des peurs qui m'en empêchent.

Est-ce que les peurs découvertes sont réelles ou imaginaires?

Jeudi

Aujourd'hui, je vis l'expérience de passer au moins une heure sans radio, sans télévision et sans conversation, c'est-à-dire une heure de silence, même s'il y a quelqu'un d'autre à mes côtés.

Ce silence m'aide à entendre quoi à l'intérieur de moi?

Vendredi

Aujourd'hui, je vis l'expérience de manger un repas en silence en prenant le temps de bien l'apprécier. Il n'est accompagné d'aucune autre activité.

Que m'apporte cette expérience?

Semaine 17 - Le silence

Samedi

Aujourd'hui, je vérifie comment je vis l'expérience du silence des autres lorsqu'ils sont en ma compagnie.

Je me sens comment lorsque quelqu'un choisit le silence plutôt que de converser avec moi? Est-ce que je peux respecter son choix sans me sentir rejeté ou abandonné?

Semaine 17 - Le silence

Dimanche

Aujourd'hui, je décide combien de moments de silence je veux dans ma vie quotidienne.

Quelles sont les actions à faire et quelle attitude je choisis d'adopter à partir de maintenant pour y arriver?

Semaine 18

La réussite

La réussite, tout comme l'échec, est le reflet d'une attitude intérieure et non de circonstances extérieures.

Semaine 18 - La réussite

Lundi

Aujourd'hui, je vérifie si le mot réussite est associé à avoir de la chance ou à être chanceux. Je note quelques exemples de réussite qui me sont arrivés depuis trois semaines.

Lors de ces succès, est-ce que je me considérais comme une personne chanceuse ou comme quelqu'un qui a été visité par la chance ces jours-là?

Mardi

Aujourd'hui, je réalise que lorsque j'affirme avoir eu de la chance au moment d'une réussite, cela signifie que je crois que ce qui m'arrive vient de l'extérieur de moi et non de mon attitude intérieure.

Suis-je vraiment sûr que les réussites qui m'arrivent ne viennent pas de mon attitude intérieure?

Mercredi

Aujourd'hui, je comprends que j'alimente les mêmes croyances et la même attitude intérieure face à la malchance que celles que j'entretiens face à la chance.

Est-ce que les personnes de mon entourage me considèrent comme chanceux ou malchanceux?

Semaine 18 - La réussite

Jeudi

Aujourd'hui, je me rends compte qu'il est préférable de considérer que je suis la chance plutôt qu'affirmer d'avoir de la chance. Être la chance signifie que je génère la réussite à partir de mon attitude intérieure.

Je me sens comment à l'idée d'affirmer : « Je suis la chance et la réussite » ?

Vendredi

Aujourd'hui, je reprends la liste de mes réussites depuis trois semaines et je vérifie ce que j'ai semé pour récolter ces circonstances.

Suis-je capable d'affirmer que toutes ces réussites viennent de mon attitude intérieure et non à cause du hasard?

Samedi

Aujourd'hui, je constate que ce que j'appelle la chance et la malchance sont une manifestation de la justice divine et non pas des injustices. J'accepte que je ne puisse attirer que ce qui correspond à mon attitude intérieure.

Suis-je prêt à accepter que tout ce qui m'arrive sert à attirer mon attention sur ce qui se passe en moi?

Dimanche

Aujourd'hui, je décide que je crée ma réussite à chaque instant. De plus, j'accepte que tous les autres humains récoltent ce qu'ils sèment et qu'il n'y a aucune raison de jalouser ou d'envier les autres.

Que puis-je faire à partir de maintenant pour me créer une vie remplie de réussites?

Semaine 19

La vérité

Être vrai est une marque
de respect et de confiance
en soi et en les autres.

Semaine 19 - La vérité

Lundi

Aujourd'hui, je me rappelle qu'être vrai signifie être cohérent entre ce que je pense, ce que je ressens, ce que je dis et ce que je fais. Cela ne veut pas dire pour autant qu'il faille tout dire ce que je pense.

Sur une échelle de 1 à 10, à quel degré suis-je vrai?

Mardi

Aujourd'hui, je note le plus de circonstances possible où je n'ai pas été vrai depuis une semaine ainsi que la raison pour laquelle j'ai dévié de cette trajectoire.

Quelles croyances et quelles peurs m'empêchent d'être vrai?

Mercredi

Aujourd'hui, je demande à mes proches de m'énumérer toutes les occasions où ils ne m'ont pas trouvé vrai depuis deux semaines.

Qu'est-ce que je découvre sur moi-même avec mes proches et je me sens comment avec ce qu'ils me partagent?

Semaine 19 - La vérité

Jeudi

Aujourd'hui, je fais une liste de tous les avantages à être vrai avec les autres. J'y ajoute les désavantages, ce qui me donne une idée des peurs que j'entretiens face à la vérité.

Mes peurs sont-elles réelles ou imaginaires?

Vendredi

Aujourd'hui, je suis plus attentif à ce que les enfants me disent, car on dit bien que la vérité sort de la bouche des enfants : ce que les enfants expriment spontanément en dit long sur ce que les adultes veulent se cacher.

Je me sens comment à l'idée de donner la permission aux enfants qui m'entourent de m'enseigner à être vrai?

Samedi

Aujourd'hui, je fais la liste de tous les inconvénients vécus parce que je n'ai pas été vrai.

Est-ce que je m'aime assez pour décider de ne plus continuer à vivre ces inconvénients et d'être de plus en plus vrai à l'avenir?

Semaine 19 - La vérité

Dimanche

Aujourd'hui, je partage à mes proches ma décision d'être de plus en plus vrai à l'avenir et je leur permets, de plus, de me laisser savoir à quel moment ils ne me sentent pas vrai.

Je me sens comment avec cette décision et par quels moyens puis-je y arriver?

Semaine 20

La beauté

La capacité de voir la beauté partout équivaut à la capacité de voir DIEU dans tout ce qui vit.

Lundi

Aujourd'hui, je vérifie à quel point la beauté est importante dans ma vie. Je sais que la beauté représente le plus grand besoin du corps émotionnel.

Sur quoi je me base pour déterminer si quelqu'un ou quelque chose est beau?

Semaine 20 - La beauté

Mardi

Aujourd'hui, je fais une liste de tous les biens matériels que je possède et qui représentent la beauté pour moi.

Est-ce que je me rappelle d'apprécier cette beauté quotidiennement? Si non, pourquoi?

Mercredi

Aujourd'hui, je choisis trois personnes que je considère le plus proche de moi. Je note, à côté de chaque nom, leurs aspects qui répondent à mes critères de « belle » personne.

Est-ce facile pour moi de voir la beauté chez mes proches?

Jeudi

Aujourd'hui, j'énumère tous les aspects en moi qui confirment mes critères de beauté. Ensuite, je demande à mes proches s'ils sont d'accord avec ma liste.

Est-ce facile pour moi de voir la beauté en moi? Je me sens comment avec ce que me disent mes proches?

Vendredi

Aujourd'hui, je note les peurs qui m'empêchent de voir la beauté chez les autres et en moi.

Ces peurs sont-elles réelles ou imaginaires? En quoi me servent-elles?

Samedi

Aujourd'hui, je me rends compte que plus j'aime la vie, les gens ainsi que moi-même, plus je ne veux vivre que dans la beauté.

Est-ce que je peux me permettre de vivre ainsi sans me sentir coupable?

Dimanche

Aujourd'hui, je me réserve du temps pour planifier les moyens à prendre pour arriver à vivre davantage dans la beauté.

Je me sens comment avec cette nouvelle planification? Puis-je accepter que je le mérite?

Semaine 21

L'intelligence

Il ne peut y avoir de paix
intérieure sans
intelligence.

Lundi

Aujourd'hui, je réalise l'importance de vivre ma vie en la basant sur l'intelligence.

Quelle est ma définition de l'intelligence?

Mardi

Aujourd'hui, je sais qu'une personne intelligente base sa vie sur ses besoins et trouve des moyens pour les combler, tout en étant consciente des conséquences bénéfiques que cela peut entraîner; tandis que la vie d'une personne « intellectuente » est fondée sur ce qu'elle a appris sans penser aux conséquences pour elle et pour les autres.

Suis-je prêt à décider de vivre dans l'intelligence?

Mercredi

Aujourd'hui, je me rends compte qu'il n'est pas intelligent de décider quelque chose lorsque je sais d'avance qu'il y aura des conséquences fâcheuses pour moi.

Est-ce que je prends le temps de penser aux conséquences de mes décisions dans l'ensemble?

Jeudi

Aujourd'hui, je révise mes décisions prises depuis deux semaines et je vérifie celles qui ont été des choix intelligents pour moi.

Quelle est la prise de conscience que je fais suite à cette révision?

Vendredi

Aujourd'hui, je prends le temps de vérifier mon attitude avec mes proches.

Selon ce que je récolte avec eux, est-ce que je considère ma conduite intelligente ou non? Si non, quelle serait la nouvelle attitude à adopter?

Samedi

Aujourd'hui, je me rappelle que les critères suivants se retrouvent dans l'intelligence : la simplicité, l'utilité, la cohérence, la beauté, l'ordre et l'écologie.

À quel point ces critères sont-ils respectés dans mon quotidien?

Dimanche

Aujourd'hui, je prends trois décisions basées sur l'intelligence en vérifiant si elles répondent aux critères mentionnés hier.

Par rapport à ces trois décisions, je me sens comment à l'idée de passer à l'action?

Semaine 22

La liberté

La liberté est l'ouverture
au grand potentiel
créateur de l'être humain

Semaine 22 - La liberté

Lundi

Aujourd'hui, je prends du temps pour vérifier la différence entre être libre et être libéré.

Suis-je une personne libre ET libérée ou suis-je quelqu'un de libre OU de libéré?

Semaine 22 - La liberté

Mardi

Aujourd'hui, je réalise qu'être libéré signifie vivre sans contrainte, sans obligation et que le terme s'applique surtout dans le monde matériel.

Suis-je du genre à me créer des contraintes, des obligations ou à m'en libérer facilement?

Mercredi

Aujourd'hui, je fais une liste de toutes les contraintes et les obligations que je vis actuellement dans tous les domaines de ma vie.

Qu'est-ce qui me pousse à me créer ou à accepter de telles contraintes et obligations?

Jeudi

Aujourd'hui, je me rends compte que le fait de pouvoir régler rapidement les contraintes et les obligations dans ma vie m'aide à atteindre la liberté plus vite.

Je me sens comment à l'idée de devenir une personne libre?

Vendredi

Aujourd'hui, je me rappelle qu'être libre signifie me donner le droit d'être qui je suis, ne laissant rien ni personne (incluant mon ego) diriger ma vie. Ainsi, je peux vivre sans attendre que les autres me rendent heureux.

Sur une échelle de 1 à 10, à quel degré suis-je une personne libre?

Samedi

Aujourd'hui, je vérifie avec trois de mes proches jusqu'à quel point ils me considèrent comme une personne libre et sur quoi ils se basent pour faire cette évaluation.

Arrivent-ils à la même conclusion que moi et je me sens comment avec ce qu'ils me disent?

Dimanche

Aujourd'hui, je sais qu'être libre est un terme qui s'applique surtout dans le monde spirituel, ce qui signifie que c'est un état d'être plutôt qu'une façon de faire et d'avoir.

Suis-je capable d'être libre même si certaines obligations se manifestent dans ma vie? Que suis-je prêt à décider pour devenir plus libre?

Semaine 23

La valeur

L'être humain connaît sa vraie valeur au moment où il se souvient de qui il est : DIEU.

Semaine 23 - La valeur

Lundi

Aujourd'hui, je me rappelle que la façon dont les autres me valorisent représente la valeur que je m'accorde ou que je crois avoir.

Est-ce que je me valorise plus souvent que je me dévalorise dans ma vie quotidienne?

Mardi

Aujourd'hui, je prends le temps de réviser les domaines suivants : travail, vie de couple, éducation des enfants, vie sexuelle, apparence physique, connaissances, vie familiale, biens matériels et argent.

Sur une échelle de 1 à 10, quel est le degré de la valeur que je m'accorde dans chaque domaine?

Mercredi

Aujourd'hui, je vérifie les domaines où j'ai tendance à me dévaloriser plus souvent qu'à me valoriser.

Qu'est-ce qui m'empêche de me valoriser davantage?

Semaine 23 - La valeur

Jeudi

Aujourd'hui, je note les domaines où j'ai besoin de ma propre valorisation et je regarde de quoi j'ai peur si j'osais me valoriser beaucoup plus.

Ces peurs sont-elles vraiment justifiées et me sont-elles encore utiles?

Vendredi

Aujourd'hui, je demande à mes proches de remarquer et de me signaler chaque fois où ils entendent une forme de dévalorisation dans mes propos.

Est-ce que cet exercice m'aide à découvrir quelque chose de nouveau en moi?

Samedi

Aujourd'hui, je prends du temps pour valoriser mes proches aussi souvent que possible. Je réalise que cela me rappelle d'agir davantage ainsi avec moi-même.

Est-ce que ça me vient facilement de valoriser les autres? Je me sens comment à le faire?

Dimanche

Aujourd'hui, je me rends compte que plus j'accepte et je reconnais ma propre valeur et moins j'attends que les autres le fassent pour moi.

Quelles sont les trois actions que je suis prêt à poser à chaque jour pour me valoriser davantage?

Semaine 24

L'expérience

Chaque expérience est nécessaire pour nous aider à découvrir ce que nous voulons et ce que nous ne voulons pas dans la vie.

Semaine 24 - L'expérience

Lundi

Aujourd'hui, je me rappelle avoir entendu que, dans la vie, il n'y a jamais d'erreurs mais seulement des expériences.

Suis-je prêt à accepter cette affirmation comme une vérité pour moi? Si non, pourquoi? Si oui, comment je l'applique aujourd'hui?

Mardi

Aujourd'hui, je réalise qu'accepter que « tout ce que je vis est une expérience » signifie que le fait ou la situation vécue n'est pas qualifiée comme étant bien ou mal : c'est une expérience.

Suis-je capable d'expérimenter ainsi?

Mercredi

Aujourd'hui, je suis heureux de constater que le fait d'accepter chaque situation comme une expérience me permet de devenir de plus en plus observateur de la vie.

Combien de fois aujourd'hui ai-je été capable de demeurer observateur?

Semaine 24 - L'expérience

Jeudi

Aujourd'hui, je me rends compte que je suis sur cette planète pour vivre toutes sortes d'expériences, et ce, dans le but de me permettre de choisir ce qui répond le mieux à mes besoins.

Je me sens comment à l'idée d'accepter que chaque expérience est utile pour mon évolution?

Vendredi

Aujourd'hui, je prends le temps de noter trois incidents désagréables que j'ai vécus depuis deux semaines et je regarde en quoi ces trois expériences m'ont été utiles.

Je me sens comment avant et après avoir reconnu l'utilité de ces expériences?

Samedi

Aujourd'hui, j'aide trois personnes de mon entourage à reconnaître l'utilité d'une expérience qu'elles ont vécue et qu'elles avaient qualifiée de mauvaise ou de désagréable.

Est-il facile pour moi d'avoir avec les autres l'attitude que je veux avoir moi-même?

Dimanche

Aujourd'hui, je note les trois expériences que j'ai trouvées les plus difficiles dans ma vie. Je note ensuite en quoi elles ont pu m'aider afin de les accepter, évitant ainsi qu'elles se répètent.

Cet exercice m'aide à découvrir quoi de nouveau pour moi? Suis-je capable de dire merci d'avoir vécu ces expériences?

Semaine 25

Le rire

On sourit avec les yeux et
les lèvres et on rit avec
tout son corps et son âme.

Semaine 25 - Le rire

Lundi

Aujourd'hui, je prends le temps de noter les occasions où j'ai ri aux éclats depuis deux semaines.

Je me sens comment quand je ris ainsi? Qu'est-ce qui m'empêche de rire plus souvent?

Mardi

Aujourd'hui, j'observe, parmi toutes les personnes qui font partie de ma vie quotidienne, celles qui rient très souvent.

Comment je perçois ces personnes? Est-ce que je les critique ou les admire?

Mercredi

Aujourd'hui, je regarde comment je vis les situations où quelqu'un d'autre s'amuse à mes dépens en me taquinant.

Suis-je capable de rire avec l'autre personne ou est-ce que je me mets en colère?

Semaine 25 - Le rire

Jeudi

Aujourd'hui, je vérifie avec le plus de personnes possible, parmi mes proches, si elles me trouvent sérieux ou si elles considèrent que je prends la vie en riant.

Je me sens comment avec ce qu'ils me disent?

Semaine 25 - Le rire

Vendredi

Aujourd'hui, je trouve des moyens pour faire rire au moins trois autres personnes.

Est-ce que je me sens bien à faire rire quelqu'un d'autre ou ai-je peur d'être jugé de ridicule ou de manquer de sérieux (ou tout autre jugement)?

Semaine 25 - Le rire

Samedi

Aujourd'hui, je vérifie les peurs que j'entretiens et qui m'empêchent de rire autant que je le voudrais.

Quelles sont les peurs que je découvre? Sont-elles réelles ou imaginaires?

Semaine 25 - Le rire

Dimanche

Aujourd'hui, je prends la décision de rire à tous les jours en sachant que le fait de rire garde le corps et l'esprit plus jeunes et en santé. En plus, je me rappelle le dicton "Tant qu'on rit, on est riche".

Quels sont les moyens que je vais utiliser pour y arriver?

Semaine 26

Les décisions

Tous les individus décident continuellement. Certains décident d'être heureux et d'autres, malheureux.

Semaine 26 - Les décisions

Lundi

Aujourd'hui, je vérifie ma capacité de prendre des décisions dans tous les domaines suivants : vie de couple, sexualité, vie familiale (parents, enfants, frères et sœurs, etc.), travail, achats pour moi, achats pour les autres, loisirs, cours et études, santé, alimentation, repos. J'évalue chaque domaine de 1 à 10, pour préciser ma capacité de décider.

Qu'est-ce que je découvre sur moi en faisant cet exercice?

Mardi

Aujourd'hui, je réalise que, pour pouvoir prendre des décisions facilement dans ma vie, les deux étapes suivantes sont importantes : vérifier quels sont mes besoins véritables et m'aimer assez pour décider selon ces besoins.

Ces deux étapes me viennent-elles naturellement? Si non, qu'est-ce qui m'en empêche?

Mercredi

Aujourd'hui, je me pratique à écouter mes besoins en me posant la question suivante dans les trois domaines où j'ai le plus de difficultés à découvrir mes besoins : « Si toutes les circonstances étaient parfaites, c'est-à-dire si j'avais tout l'argent et le temps nécessaires et, qu'en plus, ma décision ne dérangeait personne, qu'est-ce que je voudrais dans tel domaine? »

Suis-je capable d'accepter spontanément la première réponse qui me vient?

Jeudi

Aujourd'hui, je fais une liste des domaines où j'ai de la difficulté à prendre des décisions et je note, par rapport à chacun, la ou les peurs qui m'empêchent de le faire.

Ces peurs sont-elles réelles ou imaginaires? À quoi me servent-elles?

Vendredi

Aujourd'hui, je vérifie ce qui est le plus douloureux pour moi : ne pas prendre les décisions qui répondent aux besoins de mon être ou vivre ce que j'appréhende si je me décide.

Selon cette découverte, quelle est l'attitude à choisir pour le moment?

Samedi

Aujourd'hui, j'accepte la possibilité d'avoir besoin d'aide pour identifier mes besoins afin de m'encourager et décider en conséquence.

Quelles personnes peuvent m'aider et suis-je prêt à faire mes demandes?

Dimanche

Aujourd'hui, je décide que j'ai le droit de prendre une décision dans un des domaines de ma vie en sachant que personne d'autre ne peut le faire à ma place. Il ne me reste ensuite qu'à passer à l'action (voir semaine suivante).

Je me sens comment avec cette décision?

Semaine 27

L'action

Passer à l'action est fondamental pour l'être humain. Ne rien faire atrophie son grand potentiel.

Lundi

Aujourd'hui, je vérifie si je suis le genre de personne à passer à l'action après avoir reconnu mon besoin véritable ou si je me reconnais plutôt dans celle qui est sans cesse dans l'action sans savoir véritablement si ces actions répondent à mon besoin.

Je me sens comment avec ce que je découvre?

Semaine 27 - L'action

Mardi

Aujourd'hui, je prends du temps pour noter les décisions prises depuis trois mois et qui demeurent encore au niveau de la pensée, c'est-à-dire les décisions avec lesquelles j'ai de la difficulté à passer à l'action. Je fais cet exercice en me référant aux domaines énumérés la semaine dernière.

Dans quels domaines ai-je le plus de difficulté à passer à l'action?

Mercredi

Aujourd'hui, je note les peurs qui m'empêchent de passer à l'action dans les domaines découverts en faisant l'exercice d'hier. J'inscris à côté de chaque peur si elle appartient ou si elle appartenait à mon père ou à ma mère.

Est-ce que je suis toujours d'accord de continuer à croire que ces peurs sont réelles pour moi, étant la personne que je suis aujourd'hui?

Semaine 27 - L'action

Jeudi

Aujourd'hui, j'énumère les peurs qui me portent à passer à l'action trop rapidement, sans vérifier si cette action répond à un de mes besoins. Je note à côté de chaque peur si elle appartient ou appartenait à mon père ou à ma mère.

Suis-je toujours d'accord de continuer à croire que ces peurs sont réelles pour moi, étant la personne que je suis aujourd'hui?

Vendredi

Aujourd'hui, je réfléchis aux peurs découvertes cette semaine et je prends le temps de noter ce qu'elles m'empêchent d'avoir, de faire et d'être dans ma vie quotidienne. Ce que je découvre représente ce que je veux véritablement dans la vie.

Suis-je prêt à écouter mes besoins, développant ainsi l'amour de moi-même, ou si je continue à écouter mes peurs?

Samedi

Aujourd'hui, je vérifie avec mes proches s'ils sont d'accord avec mes découvertes quant à mon attitude de passer à l'action ou non. Je leur partage en plus les peurs découvertes ainsi que mes besoins non écoutés à cause de ces peurs.

Qu'est-ce que cet exercice m'aide à découvrir et je me sens comment à échanger ainsi avec mes proches?

Semaine 27 - L'action

Dimanche

Aujourd'hui, je suis particulièrement attentif aux actions que je pose et que je choisis de ne pas faire en vérifiant si j'agis par amour pour moi ou par peur de quelque chose.

Qui gagne, la peur ou l'amour?

Semaine 28

La tolérance

La tolérance est signe de force et d'acceptation, tandis que l'intolérance est signe de faiblesse et de peur.

Semaine 28 - La tolérance

Lundi

Aujourd'hui, je me rappelle que la tolérance est la capacité d'accepter que les autres puissent avoir une opinion ou une attitude différente de celle qui me convient.

Suis-je une personne tolérante? Sur une échelle de 1 à 10, je me considère tolérant à quel degré?

Semaine 28 - La tolérance

Mardi

Aujourd'hui, je réalise que chaque fois que je vis de la colère et que j'essaie de convaincre quelqu'un d'autre que ma façon de voir les choses est meilleure que la sienne, je ne suis pas une personne tolérante mais plutôt contrôlante.

Selon mon évaluation d'hier, suis-je aussi tolérant que je le croyais?

Mercredi

Aujourd'hui, je vérifie les domaines suivants pour évaluer si je suis une personne tolérante ou contrôlante : la vie de couple, les croyances des parents, l'éducation des enfants, la scolarité des enfants, l'argent, les sorties ou loisirs, le travail, la santé, l'alimentation et la sexualité.

Je me sens comment avec ce que je découvre? Suis-je toujours d'accord avec mon évaluation précédente?

Jeudi

Aujourd'hui, je demande à trois personnes qui me connaissent bien comment elles me perçoivent au sujet de la tolérance dans les domaines mentionnés hier. Je note ce qu'elles me disent.

Est-ce que je me connais bien? Suis-je un bon observateur de moi-même?

Vendredi

Aujourd'hui, je prends du temps pour noter les peurs qui m'habitent et qui m'empêchent d'être une personne tolérante lorsque je ne suis pas d'accord.

Est-ce que ces peurs sont réalistes? Suis-je prêt à vérifier avec les personnes concernées si ce dont j'ai peur se manifesterait nécessairement si j'osais être tolérant?

Samedi

Aujourd'hui, je porte particulièrement attention aux personnes intolérantes autour de moi et je vérifie comment je me sens vis-à-vis leur comportement. De plus, je vérifie si je peux demeurer tolérant face à leur intolérance ou leur contrôle.

Est-il possible pour moi de sentir que ces personnes ont les mêmes peurs que moi lorsque je deviens intolérant?

Dimanche

Aujourd'hui, je prends la décision d'être aussi tolérant que mes limites me le permettent avec tous ceux que je rencontre et dans toutes les situations qui se présentent.

Suis-je capable de me permettre parfois d'être intolérant et d'éprouver de la compassion pour les parties en moi qui continuent d'avoir peur, tout en sachant qu'un jour, je deviendrai plus tolérant?

Semaine 29

Le miroir

Considérer tout ce qui nous entoure comme notre miroir demande une grande sagesse.

Semaine 29 - Le miroir

Lundi

Aujourd'hui, je me rappelle que j'applique la technique du miroir lorsque j'utilise tout ce qui m'entoure, en particulier les êtres humains, pour me regarder à travers eux. Je réalise que tous ceux avec qui je suis en contact sont là pour m'aider à découvrir des aspects de moi encore inconscients.

Je me sens comment avec cette théorie et est-ce que je l'applique facilement et souvent?

Mardi

Aujourd'hui, je fais la liste de toutes les personnes que je côtoie dans mon quotidien et qui me dérangent, autant dans ma vie personnelle que professionnelle. J'observe tous ceux qui me font vivre de l'impatience, de la colère ou de la critique. Ensuite, je note de quoi j'accuse ces personnes lorsqu'elles ont une attitude dérangeante.

Quel genre de personnes semblent me déranger le plus et quelles sont les accusations les plus courantes que j'ai envers elles?

Mercredi

Aujourd'hui, je deviens conscient que chaque accusation portée contre quelqu'un d'autre représente une partie de moi que je n'accepte pas et dont je ne veux pas admettre la présence en moi. Je demande à ceux que j'accuse de me dire à quelle occasion ils m'accusent de la même chose.

Est-il possible pour moi d'avoir l'humilité nécessaire pour faire cette démarche? Si non, pourquoi? Si oui, qu'est-ce que j'apprends grâce à eux?

Jeudi

Aujourd'hui, je deviens conscient des occasions où j'admire l'attitude de quelqu'un en croyant ne pas bénéficier de cette qualité ou de cette habileté. J'apprends ainsi que je possède cette caractéristique, mais je ne l'accepte pas. Je demande à ceux qui me connaissent bien s'ils me voient détenir cette qualité inacceptée.

Est-il possible pour moi d'avoir l'humilité nécessaire pour faire cette démarche? Si non, pourquoi? Si oui, qu'est-ce que j'apprends grâce à eux?

Vendredi

Aujourd'hui, je regarde en moi toutes les peurs qui m'empêchent d'admettre d'avoir certains aspects considérés comme négatifs et d'autres, positifs. Je note ces peurs et j'inscris, à côté de chacune, la blessure que ces peurs viennent réveiller : le rejet, l'abandon, l'humiliation, la trahison ou l'injustice.

Ces peurs sont-elles réalistes? Sont-elles encore vraies pour moi étant la personne que je suis aujourd'hui?

Samedi

Aujourd'hui, je prends le temps de m'arrêter chaque fois que l'attitude de quelqu'un me dérange ou si je me surprends à admirer quelqu'un. Je me pose la question « je l'accuse d'ÊTRE quoi ou je l'admire d'ÊTRE quoi? » et ensuite, je me demande à quel moment je suis ainsi.

M'est-il possible, par la suite, d'avoir de la compassion pour la partie de moi qui a peur d'être ainsi, même si je ne comprends pas pourquoi j'ai peur?

Semaine 29 - Le miroir

Dimanche

Aujourd'hui, je réalise les grands avantages à appliquer cette technique du miroir dans ma vie. Le plus important consiste à découvrir les aspects inacceptés en moi pour ensuite appliquer la loi d'acceptation afin de vivre de plus en plus dans l'amour de moi-même. Cette approche m'aide à accepter davantage les gens qui m'entourent.

Je me sens comment à l'idée d'appliquer cette approche à chaque fois que je me retrouve à critiquer quelqu'un?

Semaine 30

La réconciliation

La réconciliation avec les autres et le pardon de soi sont les moyens les plus rapides et efficaces pour arriver à une guérison véritable.

Semaine 30 - La réconciliation

Lundi

Aujourd’hui, je me prépare à faire une démarche très difficile pour l’ego, celle de prendre la décision de me réconcilier avec ceux et celles contre qui je continue de nourrir de la rancune, voire de la haine.

Je me sens comment à l’idée de prendre cette décision?

Mardi

Aujourd'hui, je fais une liste de tous ceux et celles à qui je leur reproche quelque chose en sachant que, si je m'en prends à eux, c'est parce que je me suis senti blessé dans mon être. Je n'hésite pas à reculer jusque dans mon enfance pour m'assurer que mon survol est aussi complet que possible.

Laquelle des blessures suivantes ai-je vécue avec chacune de ces personnes : le rejet, l'abandon, l'humiliation, la trahison ou l'injustice?

Mercredi

Aujourd'hui, je réalise que si je veux arriver à une réconciliation, je dois auparavant mettre en application la technique du miroir. C'est une étape très importante qui garantit l'acceptation des différences de l'autre et le pardon de soi.

M'est-il possible d'appliquer cette approche même si je me sens blessé dans mon être?

Semaine 30 - La réconciliation

Jeudi

Aujourd'hui, je me rappelle que lorsque j'accuse une autre personne de quoi que ce soit, celle-ci me critique ou m'a déjà blâmé de la même chose. Cette étape m'aide beaucoup à ne plus en vouloir à l'autre et à avoir de la compassion pour sa souffrance et la mienne.

Je me sens comment en faisant cette étape avec au moins une personne aujourd'hui?

Vendredi

Aujourd'hui, je deviens conscient que la réconciliation - le pardon véritable - ne se fait qu'au moment où je me pardonne d'avoir accusé l'autre personne et de lui avoir fait vivre la même chose que ce dont je l'ai blâmée.

Suis-je capable d'avoir de la compassion pour la partie souffrante en moi qui a pu être méchante ou accusatrice en reconnaissant que, en réalité, il n'y a pas de méchants sur cette Terre mais seulement des souffrants?

Samedi

Aujourd'hui, je décide d'aller plus loin et de vérifier à qui j'en ai voulu dans ma vie. Ce que j'ai vécu avec chacune de ces personnes représente une ou des blessures éprouvées avec mes parents ou ceux qui ont joué le rôle d'éducateurs. Ce dont j'accuse les personnes du sexe féminin représente ce que j'ai vécu avec ma mère et les reproches faits aux gens de sexe masculin, avec mon père.

Suis-je capable de faire les liens nécessaires pour devenir conscient de la rancune que j'éprouve contre mes parents? Suis-je capable de m'autoriser de leur en avoir voulu en sachant qu'il est tout à fait humain pour un enfant de s'en prendre à ses parents lorsque ses blessures sont activées par l'attitude de ceux-ci?

Dimanche

Aujourd'hui, je choisis de parler à une personne contre qui j'entretiens encore de la rancune ou de la haine pour lui partager ce que j'ai vécu. Je lui demande si elle a déjà éprouvé une telle souffrance et de telles peurs avec moi ou quelqu'un du même sexe que moi. L'objectif de ce partage n'est pas de demander pardon à l'autre ou de se faire pardonner par l'autre, mais bien dans le seul but d'avoir de la compassion pour l'un et l'autre afin d'en arriver à une réconciliation profonde.

Je me sens comment à entreprendre une telle démarche même si j'ai peur de la réaction de l'autre ou d'être gauche? Quelle guérison physique, émotionnelle ou mentale suit cette réconciliation?

Semaine 31

Le plaisir

Savoir se faire plaisir et avoir du plaisir sont des baumes pour le cœur.

Semaine 31 - Le plaisir

Lundi

Aujourd'hui, je prends du temps pour réfléchir au mot plaisir. Je note ce que ce mot représente pour moi dans mon quotidien et, en plus, je trouve au moins cinq synonymes de ce mot.

Qu'est-ce que l'idée de me faire plaisir évoque en moi?

Mardi

Aujourd'hui, je me rappelle que le plaisir est associé à la satisfaction d'un désir physique, émotionnel ou mental et qu'il est tout à fait normal et humain de vouloir avoir du plaisir dans la vie. Le plaisir n'est pas nécessairement lié au fait de jouer ou de s'amuser.

Dans le cours d'une journée normale, combien d'heures ou de minutes puis-je associer au plaisir?

Mercredi

Aujourd'hui, je vérifie si je suis plus occupé à faire plaisir aux autres qu'à moi-même. Je comprends que, en réalité, lorsque l'humain croit plaire à une autre personne, il se fait plaisir à lui-même.

Est-il possible que je fasse parfois plaisir aux autres sans que cela ne m'apporte nécessairement du plaisir? Si oui, je me force à faire plaisir par peur de quoi ou de qui?

Jeudi

Aujourd'hui, je vérifie, dans les domaines suivants, à quel point je me permets de me faire plaisir : vie de couple, sexualité, vie de famille (parents, enfants, frères et sœurs, etc.), loisirs, cours et stages, voyages, vie professionnelle, spiritualité.

Suite à cet exercice, puis-je affirmer être une personne qui sait se faire plaisir facilement?

Vendredi

Aujourd'hui, je note tous les domaines où j'ai de la difficulté à me faire plaisir. J'inscris aussi les peurs qui m'habitent et qui m'empêchent de le faire selon mes besoins.

Est-ce que ces peurs sont les mêmes que celles de mes parents? Suis-je obligé de continuer à les entretenir?

Samedi

Aujourd'hui, je réalise que se faire plaisir n'a rien à voir avec de l'égoïsme. Une personne égoïste est celle qui veut s'approprier quelque chose au détriment de quelqu'un d'autre, c'est-à-dire enlever quelque chose à une autre personne pour son propre plaisir.

À la lueur de cette définition, suis-je une personne égoïste lorsque je me fais plaisir?

Semaine 31 - Le plaisir

Dimanche

Aujourd'hui, je décide de me faire plaisir dans trois domaines où j'ai habituellement de la difficulté à y arriver. Je réalise que, lorsque je ne me fais pas plaisir, il n'y a personne d'autre au monde qui puisse le faire pour moi. Je suis le seul individu à savoir ce qui me fait vraiment plaisir.

Suis-je capable de faire cet exercice sans me sentir coupable et en étant assuré que j'y ai droit?

Semaine 32

La maîtrise

Un maître aime tout sans désirer posséder quoi que ce soit ou qui que ce soit.

Semaine 32 - La maîtrise

Lundi

Aujourd'hui, je fais la différence entre la maîtrise et le contrôle. Quand je contrôle, il y a de la peur, car je tiens absolument à obtenir un certain résultat. Je suis dans la maîtrise lorsque j'exerce sciemment mon pouvoir de choisir et que mes choix sont selon mes attentes ou non.

À quel pourcentage du temps suis-je dans le contrôle et dans la maîtrise au cours d'une journée?

Mardi

Aujourd'hui, je réalise qu'être maître de ma vie signifie que je choisis de prendre mes propres décisions au lieu de me laisser influencer par les autres. Je suis maître lorsque je décide par amour pour moi et non par peur de quelqu'un ou de quelque chose.

À quel point suis-je capable de prendre mes propres décisions?

Mercredi

Aujourd'hui, j'accepte l'idée qu'être maître de ma vie ne veut pas nécessairement dire que j'ai, je dis, je fais ou je suis toujours ce que je veux. Il se peut que, parfois, je fasse des choix contraires à ce que je veux parce que je suis conscient de mes limites du moment. Je le fais donc par amour pour moi.

Suis-je capable de reconnaître cette maîtrise de moi-même au lieu de m'en vouloir d'avoir des limites?

Jeudi

Aujourd'hui, je révise les domaines suivants pour vérifier dans lesquels il est plus facile pour moi de demeurer dans la maîtrise : vie professionnelle, de couple, sexuelle, familiale (parents, enfants, frères, sœurs, etc.), loisirs et voyages, vie spirituelle.

Quelles sont mes découvertes et comment je me sens avec celles-ci?

Vendredi

Aujourd'hui, je révise les domaines mentionnés précédemment et je vérifie ceux où il est plus difficile pour moi de prendre mes propres décisions. Je note dans chacun les peurs découvertes qui m'empêchent de maîtriser ma propre vie.

Suis-je capable de me donner le droit d'avoir ces peurs pour le moment en sachant qu'elles sont temporaires et, qu'un jour, j'arriverai à maîtriser ma vie tel que je le désire?

Samedi

Aujourd'hui, je vérifie, auprès de trois personnes qui me connaissent bien, leur opinion sur ma façon de maîtriser ma vie en général et les situations du quotidien dans les différents domaines mentionnés.

Sont-elles d'accord avec la perception que j'ai de ma propre maîtrise?

Dimanche

Aujourd'hui, je prends du temps pour noter les circonstances où je suis maître de ma vie ou maître d'une situation pour cette journée seulement. Je note aussi tous les avantages, pour moi-même ainsi que pour mes proches, à devenir mon propre maître.

À quel point ai-je été capable de maîtriser ma vie aujourd'hui et comment je me sens avec ce que je découvre?

Semaine 33

Le changement

Le changement est nécessaire et profitable pour l'évolution humaine.

Lundi

Aujourd'hui, je me rappelle que nous vivons dans le moment, sur la planète Terre, une période de grands changements et qu'il est tout à fait naturel pour moi et pour tous ceux qui m'entourent d'être appelés à vivre des changements souvent inattendus.

Quelle est ma capacité de vivre un changement sans éprouver de l'angoisse ou des peurs?

Semaine 33 - Le changement

Mardi

Aujourd'hui, je fais une liste des changements qui se sont produits dans mon existence depuis trois mois, autant dans ma vie personnelle que professionnelle.

Comment ai-je vécu ou comment je vis maintenant ces changements : dans la peur, dans la sérénité ou dans l'excitation devant la nouveauté?

Mercredi

Aujourd'hui, je note les domaines où il m'est difficile de vivre des changements. Je note les peurs qui m'envahissent à l'arrivée ou à l'annonce d'un changement qui me touche personnellement.

Ces peurs sont-elles réelles ou imaginaires? Me sont-elles vraiment utiles?

Jeudi

Aujourd'hui, je réalise qu'avoir peur d'un changement signifie avoir peur de mourir à quelque chose pour renaître à autre chose. Je sais, au plus profond de moi, que tous les changements que j'attire dans ma vie me sont nécessaires pour aller de l'avant, pour passer à quelque chose de nouveau.

À quel degré suis-je capable d'accepter cette notion de renaissance?

Vendredi

Aujourd'hui, je vérifie les domaines où je sais qu'il est maintenant temps pour moi d'effectuer un changement, car ça fait assez longtemps que je remets cette transformation à plus tard.

Quelles actions dois-je poser et quelle attitude intérieure dois-je développer pour y arriver?

Samedi

Aujourd'hui, je prends la décision de passer à l'action par rapport à un changement que je choisis de faire dans ma vie. Je pose au moins trois actions concrètes pour mettre en mouvement ce changement, que ce soit par la parole (faire une demande) ou par l'action.

Quels sont les sentiments que je vis face à cette prise de décision et face au changement qui vient?

Dimanche

Aujourd'hui, je note les changements qui se sont produits chez les personnes qui me sont chères depuis trois mois et je vérifie ma capacité d'accueillir leurs différences. Je me rends compte que ma façon d'accepter les changements pour les autres indique ma capacité de m'ouvrir aux transformations pour moi-même.

À quel point puis-je accepter les changements pour mes proches sans vivre d'angoisse ou de peurs?

Semaine 34

L'enthousiasme

L'enthousiasme est ce qui permet à l'être humain de maintenir et de conserver son plein potentiel énergétique.

Lundi

Aujourd'hui, je me rappelle que le mot enthousiasme dérive du mot grec "entheos" qui signifie "en DIEU". Être enthousiaste veut donc dire être en contact avec mon DIEU intérieur qui connaît tous mes besoins et qui ne veut vivre que dans l'amour et la joie.

Est-ce que je me considère comme une personne enthousiaste?

Semaine 34 - L'enthousiasme

Mardi

Aujourd'hui, je me rends compte que les meilleurs professeurs pour m'enseigner l'enthousiasme sont les enfants. Ils le vivent naturel- lement.

Quelle est ma capacité d'accepter leur enthousiasme? Est-ce que je les admire?

Mercredi

Aujourd'hui, je prends du temps pour noter les situations des trois derniers mois où j'ai éprouvé beaucoup d'enthousiasme.

Qu'y avait-il de particulier dans ces situations pour qu'elles provoquent cet enthousiasme en moi?

Jeudi

Aujourd'hui, je vérifie avec plusieurs personnes de mon entourage si elles me considèrent comme une personne enthousiaste. Je leur demande, en plus, des exemples où elles me voient enthousiaste et d'autres, où j'en manque.

Qu'est-ce que je découvre grâce à leurs observations et je me sens comment avec ce que je découvre?

Vendredi

Aujourd'hui, je note les domaines et les situations où je manque et où j'étais dépourvu d'enthousiasme depuis trois mois. Je note aussi les peurs qui m'empêchent d'être enthousiaste.

Ce manque d'enthousiasme est-il provoqué par des peurs ou plutôt par un manque d'écoute de mes besoins?

Samedi

Aujourd'hui, je pense à tous mes proches dans ma vie personnelle et professionnelle et je note ceux que je qualifie de personnes enthousiastes.

Quels facteurs, selon moi, les maintiennent dans cet enthousiasme? Quelles sont les qualités que je leur trouve?

Dimanche

Aujourd'hui, je réalise que ce que j'admire chez les autres représente des aspects de moi que je ne m'autorise pas à exprimer par peur de quelque chose ou de quelqu'un.

Puis-je me permettre de décider d'exprimer mon plein potentiel à partir de maintenant afin de retrouver mon enthousiasme d'enfant?

Semaine 35

L'effort

Un certain effort est naturel pour atteindre un sommet.

Semaine 35 - L'effort

Lundi

Aujourd'hui, je réfléchis sur le bien-fondé de faire des efforts ou non dans ma vie.

Est-ce que je crois qu'il est nécessaire de fournir des efforts pour atteindre mes buts? Suis-je le genre de personne à faire beaucoup d'efforts?

Semaine 35 - L'effort

Mardi

Aujourd'hui, parmi les domaines suivants, j'énumère ceux où je fais des efforts : vie professionnelle, de couple, sexuelle, familiale (parents, enfants, frères, sœurs, etc.), santé, loisirs, travaux ménagers, argent (économies, dépenses, etc.) et études.

Je me sens comment avec ce que je découvre?

Mercredi

Aujourd'hui, je réalise que je peux faire des efforts qui sont motivés par la peur de quelqu'un ou de quelque chose ou par amour pour moi. Je constate que lorsqu'il y a de la peur, il y a de la souffrance dans l'effort.

Quelle est ma motivation lorsque je fournis des efforts? Y a-t-il une différence selon les domaines?

Jeudi

Aujourd'hui, je note les domaines où je fais des efforts par peur de quelqu'un ou de quelque chose et j'inscris chacune de ces peurs à côté de chaque domaine.

Ces peurs sont-elles réelles? Est-ce que je veux continuer à croire à ces peurs, étant la personne que je suis maintenant?

Vendredi

Aujourd'hui, je sais que la vie peut me demander de fournir certains efforts à l'occasion et que, lorsque je les fais par amour pour moi, c'est-à-dire afin de répondre aux besoins de mon être, ils me donnent l'occasion de découvrir un potentiel insoupçonné en moi.

À quel point suis-je prêt à fournir des efforts pour découvrir mon plein potentiel?

Samedi

Aujourd'hui, je révise les domaines où je m'efforce par peur de quelque chose ou de quelqu'un et je vérifie si je dois vraiment faire des efforts dans ces domaines.

Si la réponse est oui, puis-je transformer ma motivation pour qu'elle soit basée sur l'amour de moi-même plutôt que sur la peur?

Semaine 35 - L'effort

Dimanche

Aujourd'hui, je choisis un domaine où je n'ai pas produit les résultats voulus. Je médite sur les différents moyens que je peux utiliser pour y arriver même si ces moyens me demandent un certain effort.

Suis-je prêt à fournir ces efforts tout en sachant que s'ils dépassent mes limites, je peux me donner le droit de changer de moyen?

Semaine 36

La méditation

La méditation est un moment privilégié avec soi-même.

Semaine 36 - La méditation

Lundi

Aujourd'hui, je me rappelle que la méditation est une pratique fortement recommandée depuis très longtemps par plusieurs écoles d'enseignement spirituel ainsi que par différentes religions. Cette pratique me permet de prendre du temps avec mon être intérieur, ce qui est de plus en plus nécessaire avec le stress de la vie moderne.

Quelle est mon opinion sur la pratique de la méditation et est-ce que je prends le temps de la faire?

Semaine 36 - La méditation

Mardi

Aujourd'hui, je me rappelle que le meilleur temps pour méditer est au lever du soleil à cause des vibrations qui sont beaucoup plus calmes à ce moment de la journée et qu'elle doit toujours se faire assis avec le dos le plus droit possible, et non étendu.

Suis-je capable de prendre la décision de méditer tous les matins, pendant la semaine qui suit, afin d'expérimenter ce que cette pratique peut m'apporter?

Mercredi

Aujourd'hui, je réalise que je peux croire que je suis en train de méditer alors que je ne fais que penser ou réfléchir à quelque chose. Méditer véritablement, c'est plutôt prendre un temps seul où je peux être observateur de ce qui se passe, par exemple contempler ma respiration, surveiller ce qui se passe dans mon corps ou observer qu'il y a du bruit aux alentours.

À quel point suis-je capable d'observer ainsi sans commencer à analyser quoi que ce soit?

Semaine 36 - La méditation

Jeudi

Aujourd'hui, je comprends plusieurs bienfaits découlant de la pratique de la méditation : elle apporte la paix intérieure, elle augmente la capacité de me concentrer, elle me donne l'occasion de recevoir des messages de mon être intérieur ainsi que de mon guide spirituel. Le bienfait principal demeure celui de développer ma capacité de devenir observateur.

Est-ce que ces avantages sont suffisants pour me motiver à méditer davantage, d'une façon plus constante?

Vendredi

Aujourd'hui, je constate qu'à chaque moment où je suis observateur, cela signifie que je vis intensément mon moment présent. La pratique de la méditation me permet de m'habituer à vivre dans un état méditatif. Je prends du temps aujourd'hui pour être totalement dans mon instant présent pendant au moins une heure.

Je me sens comment à vivre dans cet état méditatif?

Samedi

Aujourd'hui, je me réserve du temps pour faire une marche méditative d'au moins trente minutes. Je porte attention à ce que tous mes sens perçoivent durant cette promenade, des pieds à la tête.

Suis-je capable de marcher ainsi sans penser à rien et d'être en contact seulement avec ce que j'observe en moi et autour de moi?

Dimanche

Aujourd'hui, j'accepte l'idée que, par amour pour moi, je me doive de vivre de plus en plus dans un état méditatif, car cette façon d'agir permet à mes peurs de ne plus avoir d'emprise sur moi.

Est-ce que je m'aime assez pour prendre la décision de méditer régulièrement?

Semaine 37

La douceur

La vraie douceur émane de l'intérieur de soi et commence par soi-même.

Lundi

Aujourd'hui, je vérifie ce que le mot douceur signifie pour moi. Quels sont les autres qualificatifs ou les synonymes que j'utilise pour ce mot?

Est-ce que je me sens bien à l'idée d'être perçu comme une personne douce ou est-ce que je crois qu'être douce signifie être une personne faible?

Mardi

Aujourd'hui, je fais une liste des personnes que je connais et que je considère comme étant douces.

Qu'y a-t-il dans leur attitude ou leur comportement qui fait que je les considère comme des personnes douces? Est-ce que j'admire ces personnes?

Mercredi

Aujourd'hui, je demande aux mêmes personnes que j'ai observées hier si elles me considèrent comme une personne douce ou non. Si oui, je leur demande des exemples et, si non, je leur demande pourquoi.

Je me sens comment avec ce que ces personnes me répondent? Suis-je d'accord avec leur perception?

Jeudi

Aujourd'hui, je réalise que tout mon être réclame de la douceur de ma part, c'est-à-dire arrêter de me compliquer la vie et m'accepter tel que je suis en me donnant le droit de me transformer à mon rythme.

À quel point suis-je capable d'être une personne douce avec moi-même?

Semaine 37 - La douceur

Vendredi

Aujourd'hui, je vérifie à quel moment ou dans quelles circonstances il m'est difficile d'être doux avec moi-même et avec les autres. J'inscris ce que je découvre et je note si cette attitude est motivée par la peur ou par amour pour moi.

Les peurs trouvées sont-elles encore réelles pour moi? En ai-je encore besoin étant la personne que je suis aujourd'hui?

Samedi

Aujourd'hui, je fais une liste des personnes que je connais et que je juge comme manquant de douceur avec elles-mêmes ou avec les autres.

Si ces personnes me demandaient des conseils pour arriver à plus de douceur, qu'est-ce que je leur conseillerais? Suis-je capable de les mettre en pratique dans ma propre vie?

Dimanche

Aujourd'hui, je réalise que je peux être une personne douce dans tous les domaines de ma vie tout en m'affirmant et en étant moi-même.

Quels sont les moyens que je décide de mcttre en application dans mon quotidien afin d'arriver à cette douceur?

Semaine 38

L'intuition

La partie divine de l'être humain se manifeste par son intuition.

Lundi

Aujourd'hui, je me rappelle que l'intuition est un savoir instantané qui se manifeste lorsque je suis centré et en état d'ouverture avec l'énergie universelle.

Sur une échelle de 1 à 10, à quel degré suis-je une personne intuitive?

Semaine 38 - L'intuition

Mardi

Aujourd'hui, je réalise que l'intuition se manifeste de différentes façons : par la clairvoyance, la "clairaudience" ou la "clairsentience" (capacité de voir, entendre ou sentir au-delà des apparences physiques).

Quelle façon me vient le plus facilement? Puis-je donner un exemple?

Mercredi

Aujourd'hui, je prends conscience que la différence entre l'intuition et le psychisme est que l'intuition est ressentie dans tout mon être, tandis que le psychisme est perceptible par mon plexus solaire. Le psychisme occasionne une perturbation intérieure, alors que l'intuition me maintient dans un état d'observation.

Suis-je une personne plus psychique qu'intuitive?

Semaine 38 - L'intuition

Jeudi

Aujourd'hui, je prends le temps de noter trois occasions où je me suis rendu compte que je n'avais pas écouté mon intuition et qu'il était trop tard pour y remédier.

Quelles étaient mes peurs à ce moment-là?

Vendredi

Aujourd'hui, je m'arrête un instant pour noter trois occasions où j'ai écouté mon intuition qui m'a rendu un fier service.

Quels facteurs m'ont aidé à écouter mon intuition à ces moments-là?

Samedi

Aujourd'hui, je porte une attention particulière à la première idée qui me vient lorsque je me retrouve avec une autre personne. J'accepte que c'est mon intuition qui se manifeste et je demeure dans ma certitude sans laisser les doutes m'envahir.

Quels sont les avantages que je découvre en vivant cette expérience?

Dimanche

Aujourd'hui, je centre mon attention à la première idée qui me vient concernant une décision que je dois prendre. J'accepte que c'est mon intuition qui se manifeste et je demeure dans ma certitude sans laisser les doutes m'envahir.

Quels sont les avantages que je découvre en vivant cette expérience?

Semaine 39

Le libre arbitre

Le libre arbitre est un très grand cadeau pour l'être humain. L'utiliser à bon escient est faire preuve de sagesse.

Semaine 39 - Le libre arbitre

Lundi

Aujourd'hui, je me rappelle que le libre arbitre vient d'un grand pouvoir humain, celui de choisir. J'apprécie surtout le fait que j'ai toujours le choix, quelle que soit la situation.

Est-ce que je me souviens régulièrement de ce pouvoir de choisir?

Mardi

Aujourd'hui, je réalise que le libre arbitre a été créé par et pour les humains afin de nous aider tous à choisir ce qui est le plus intelligent et harmonieux pour nous, c'est-à-dire ce qui est le plus utile.

Est-ce que j'utilise ce grand pouvoir à mon avantage?

Mercredi

Aujourd'hui, je prends conscience que, lorsque je crois que je suis obligé d'endurer une certaine situation ou une personne dans ma vie, cela signifie que j'ai oublié d'utiliser mon libre arbitre.

Quelle est la dernière fois où ce genre de situation s'est produite?

Semaine 39 - Le libre arbitre

Jeudi

Aujourd'hui, je note trois situations qui ne répondent plus à l'un de mes besoins actuels et je fais une liste des différents choix que j'ai pour transformer ces situations pour le mieux.

Qu'est-ce que je découvre en faisant cet exercice?

Vendredi

Aujourd'hui, je relève les peurs qui m'envahissent à l'idée d'utiliser mon libre arbitre pour me diriger vers ce que je veux, suite à l'exercice d'hier.

Est-ce que ces peurs sont encore réelles pour moi, étant la personne que je suis aujourd'hui? Suis-je prêt à payer le prix de continuer à les entretenir?

Samedi

Aujourd'hui, je remarque, autour de moi, les personnes qui utilisent bien leur libre arbitre d'une façon régulière.

Quelles sont les qualités que je reconnais à ces personnes et que je pourrais apprendre à exprimer davantage?

Semaine 39 - Le libre arbitre

Dimanche

Aujourd'hui, je prends la décision de me poser la question suivante au moins trois fois aujourd'hui : « Est-ce que ce que je fais, je dis ou je décide vient véritablement d'un choix conscient? »

Je me sens comment avec cette nouvelle décision? Est-ce que me poser cette question fait une différence valable?

Semaine 40

La joie de vivre

La joie de vivre garde le cœur jeune et en bonne santé. Elle représente un grand besoin de l'être humain.

Semaine 40 - La joie de vivre

Lundi

Aujourd'hui, je suis particulièrement attentif à chaque instant afin de remarquer à quel point je vis et je dégage de la joie de vivre.

Puis-je affirmer que je suis une personne qui éprouve beaucoup de joie dans sa vie?

Mardi

Aujourd'hui, je prends le temps de noter ce que représenterait pour moi une semaine complète vécue dans la joie de vivre.

Qu'y aurait-il de différent dans une telle semaine comparativement au genre de semaine que je vis habituellement dans le moment?

Semaine 40 - La joie de vivre

Mercredi

Aujourd'hui, je réalise que vivre dans la joie ne veut pas nécessairement dire s'amuser, jouer ou toujours rire, bien que ces dernières activités apportent, en général, de la joie. Je vis aussi de la joie lorsque je suis heureux de me lever le matin et que j'ai hâte d'entreprendre les activités que j'ai planifiées, quand j'apprécie ce que la vie m'apporte, lorsque l'amour de la vie se dégage de moi.

Est-ce un désir profond en moi que de vivre ainsi à l'avenir?

Jeudi

Aujourd'hui, je note ce qui m'empêche de vivre dans la joie et ce que je voudrais de façon régulière.

Quelles sont les peurs que je découvre en faisant cet exercice?

Semaine 40 - La joie de vivre

Vendredi

Aujourd'hui, je remarque, parmi les gens qui m'entourent, quelles sont les deux personnes qui dégagent le plus de joie de vivre et je leur demande leur secret.

Je me sens comment avec ce que ces personnes me révèlent?

Samedi

Aujourd'hui, je note le domaine où j'ai le plus de difficulté à vivre dans la joie. Je prends la résolution de changer mon attitude pour me diriger davantage vers la joie.

Quels sont les changements que je veux entreprendre?

Semaine 40 - La joie de vivre

Dimanche

Aujourd'hui, je fais part à ceux qui m'entourent de ma décision de vivre davantage dans la joie et je leur demande leur collaboration.

Je me sens comment à l'idée de faire ce partage et de demander de l'aide à ceux que j'aime?

Semaine 41

Le lâcher prise

Le fait de pouvoir lâcher prise est la plus grande victoire de l'être humain sur son ego.

Semaine 41 - Le lâcher prise

Lundi

Aujourd'hui, je me rappelle que lâcher prise est la capacité d'être bien même si les résultats ne reflètent pas mes désirs. C'est aussi d'être capable de faire confiance à mon DIEU intérieur qui connaît mieux mes vrais besoins que mon mental inférieur.

Puis-je affirmer que je suis une personne qui lâche prise facilement?

Mardi

Aujourd'hui, je me rappelle que chaque fois que je veux contrôler, moi-même ou quelqu'un d'autre, et que je n'arrive pas à mes fins, cela indique que je suis incapable de lâcher prise. Je suis dans le contrôle.

De quoi ai-je peur au moment où je deviens une personne contrôlante?

Mercredi

Aujourd'hui, je fais une liste des personnes avec qui j'ai de la difficulté à lâcher prise dans l'ensemble.

Que pourrait-il m'arriver de désastreux si j'osais lâcher prise et arrêter de vouloir contrôler ces gens?

Jeudi

Aujourd'hui, je note trois domaines dans lesquels je me contrôle et, si j'ai de la difficulté à les identifier, je demande à mes proches de m'aider à reconnaître ceux où je me contrôle le plus.

Que pourrait-il m'arriver de désastreux si j'osais lâcher prise, c'est-à-dire si j'arrêtais de me contrôler autant?

Vendredi

Aujourd'hui, je suis conscient que lâcher prise ne veut pas nécessairement dire de me foutre de ce qui peut arriver ou d'être indifférent aux conséquences pour moi ou pour les autres. Lâcher prise signifie faire mon possible dans la mesure de mes capacités tout en faisant confiance que l'Univers s'occupe de moi.

Je me sens comment à l'idée de mettre en pratique ce genre de lâcher prise avec moi-même et avec les autres?

Samedi

Aujourd'hui, je fais l'exercice de lâcher prise, au moins à trois reprises, avec une autre personne dans une situation avec laquelle je ne suis pas d'accord ou qui ne produit pas le résultat escompté.

Qu'est-ce que je découvre en faisant ce genre de lâcher prise? Quels en sont les avantages?

Dimanche

Aujourd'hui, je fais l'exercice de lâcher prise, au moins à trois reprises, avec moi-même au lieu de m'acharner à vouloir atteindre le résultat escompté. J'accepte qu'il puisse y avoir une autre façon que celle décidée par mon mental pour arriver au bonheur et à l'harmonie.

Qu'est-ce que je découvre en faisant ce genre de lâcher prise? Quels en sont les avantages?

Semaine 42

La responsabilité

La personne qui veut une vie remplie de bonheur et de paix choisit la responsabilité à la culpabilité.

Lundi

Aujourd'hui, je me rappelle qu'une personne responsable est celle qui assume toutes les conséquences de ses décisions, de ses actions et de ses réactions. De plus, elle sait qu'elle n'est pas tenue d'assumer les conséquences des décisions des autres.

À quel degré suis-je une personne responsable?

Mardi

Aujourd'hui, je note les circonstances où je me suis senti coupable envers une autre personne depuis une semaine. Je réalise que lorsque je me sens coupable, cela signifie que je me crois responsable du bonheur des autres.

De quoi ai-je peur si j'autorise les autres à assumer leurs propres conséquences sans me sentir coupable?

Mercredi

Aujourd'hui, je deviens conscient que je crois les autres responsables d'assumer les conséquences de mes décisions, au même point que je me crois responsable d'assumer les conséquences de leurs décisions.

Je me sens comment avec cette prise de conscience?

Jeudi

Aujourd'hui, je note les occasions où j'ai tenté de culpabiliser quelqu'un d'autre depuis une semaine. Je réalise que, chaque fois que j'accuse l'autre ou que j'essaie de le faire sentir coupable, je ne suis pas une personne responsable.

Quelles peurs m'ont empêché de prendre ma responsabilité dans ces situations?

Vendredi

Aujourd'hui, j'accepte qu'aucune personne sur cette terre a l'obligation d'arranger ou de solutionner les problèmes des autres. Chaque fois que je me crois responsable de l'autre, j'empêche celui-ci de prendre sa responsabilité, l'encourageant ainsi à demeurer une personne dépendante des autres.

Je me sens comment à l'idée de laisser mes proches assumer les conséquences de leurs propres décisions?

Samedi

Aujourd'hui, je réalise que, en devenant une personne responsable, je me sens beaucoup plus libre de prendre n'importe quelle décision dans ma vie, car je sais que moi seul en assumerai les conséquences.

Quelle décision puis-je prendre aujourd'hui sachant que quelqu'un d'autre puisse être en désaccord?

Dimanche

Aujourd'hui, j'accepte de laisser mes proches décider de ce qu'ils veulent, car je sais qu'eux seuls auront à en assumer les conséquences.

Je me sens comment de faire part de cette acceptation à mes proches?

Semaine 43

La patience

La vraie patience ne peut se manifester que chez une personne autonome et en paix avec elle-même.

Semaine 43 - La patience

Lundi

Aujourd'hui, je me rappelle que la patience est la faculté de tolérer et d'observer une situation déplaisante, sans pour autant éprouver le sentiment d'endurer l'événement et de devenir une personne soumise. La patience est un choix personnel et elle est vécue par amour et non par peur.

Quel est mon degré de patience avec moi-même et avec les autres?

Mardi

Aujourd'hui, je prends du temps pour réviser mon degré de patience avec mes proches, c'est-à-dire mes parents, enfants, frères et sœurs, conjoint, amis, ainsi que mes collègues de travail.

Pourquoi ai-je de la difficulté à être patient avec certaines personnes?

Mercredi

Aujourd'hui, je réalise que lorsque je manque de patience avec moi-même, cela signifie que je suis trop exigeant, que je manque de tolérance face à moi-même et que je ne respecte pas mes limites.

Que pourrait-il arriver de désagréable si je me permettais d'être patient avec moi-même?

Semaine 43 - La patience

Jeudi

Aujourd'hui, je comprends que lorsque je manque de patience avec les autres, cela signifie que je suis trop exigeant face à eux, que je ne respecte pas leurs limites ou leurs besoins.

Que pourrait-il arriver de désagréable si je m'autorisais à être patient avec mes proches lors d'une situation qui ne me plaît pas?

Vendredi

Aujourd'hui, je prends conscience que lorsque je manque de patience avec une autre personne, c'est souvent parce que celle-ci me reflète un aspect de moi que je ne m'autorise pas à reconnaître et à accepter.

Je me sens comment avec cette prise de conscience?

Samedi

Aujourd'hui, j'écris une liste de tous les inconvénients et les désavantages récoltés lorsque je manque de patience.

Suis-je prêt à continuer à assumer ces conséquences?

Dimanche

Aujourd'hui, je me rappelle trois circonstances où j'ai eu beaucoup de patience et j'énumère des avantages et des bienfaits que la patience apporte dans ma vie.

Quelle décision suis-je prêt à prendre aujourd'hui concernant mon degré de patience?

Semaine 44

Le donner - recevoir

Donner et recevoir sont indissociables. Nous donnons avec la même attitude intérieure que nous recevons.

Semaine 44 - Le donner-recevoir

Lundi

Aujourd'hui, je fais le lien entre ma capacité de donner et la récolte subséquente dans ma vie.

Est-ce que je réalise que ce que je donne me revient éventuellement?

Mardi

Aujourd'hui, j'inscris tout ce que j'ai donné et à qui, depuis une semaine. Cette liste comprend des dons d'ordre matériel ainsi que du temps, des compliments, des services, etc.

Selon cette liste, combien de fois ai-je donné par obligation, par devoir ou par plaisir?

Mercredi

Aujourd'hui, je vérifie ma capacité de recevoir en faisant une liste de tout ce que j'ai reçu depuis une semaine.

Ai-je de la facilité à recevoir ou est-ce que je me sens redevable à la personne qui m'a donné?

Jeudi

Aujourd'hui, je réalise que, selon la loi de cause à effet, la récolte est toujours en fonction de la semence. Ceci signifie que, si je me crois redevable à quelqu'un qui me donne, je suis du genre à donner avec attentes.

Je me sens comment avec cette prise de conscience?

Vendredi

Aujourd'hui, je constate que chaque fois que je donne avec attentes, cela signifie que j'offre par devoir ou par peur de quelque chose ou de quelqu'un si je ne donnais pas.

Quelles peurs me motivent à donner?

Samedi

Aujourd'hui, je sais que plus je donne sans attentes, plus je peux recevoir avec plaisir, sans croire que c'est injuste ou que je suis redevable. De plus, je peux être en contact avec le plaisir que l'autre éprouve de me donner.

À quel point suis-je capable de m'ouvrir à l'abondance en acceptant de recevoir avec plaisir?

Dimanche

Aujourd'hui, je porte une attention particulière à ma motivation lorsque je choisis de donner et à mon attitude intérieure lorsque je reçois.

Qu'est-ce que je découvre suite à cet exercice?

Semaine 45

La volonté

Préciser ce que nous voulons nous mène vers la connaissance de qui nous sommes.

Semaine 45 - La volonté

Lundi

Aujourd'hui, je me rappelle que la volonté est la faculté de dire « je veux » avec certitude et la capacité de passer à l'action en fonction de ce « je veux ».

Suis-je une personne volontaire en général?

Mardi

Aujourd'hui, je fais la différence entre « je veux » et « je désire ». Lorsque je désire quelque chose, il manque la force, la certitude du vouloir qui me donne l'énergie nécessaire pour passer à l'action.

Lorsque je dis « je veux », est-ce vraiment ma volonté qui s'exprime ou mon désir?

Mercredi

Aujourd'hui, je deviens conscient que mes éducateurs ne m'ont pas appris à dire « je veux »; je dois faire cet apprentissage moi-même si j'ai l'intention de développer ma volonté.

Suis-je prêt à affirmer davantage ce que je veux?

Semaine 45 - La volonté

Jeudi

Aujourd'hui, je réalise que le « je veux » est absolument nécessaire pour me permettre d'être ce que je veux être.

Quelles peurs m'empêchent d'affirmer et de manifester ce que je veux?

Vendredi

Aujourd'hui, j'inscris ce que je veux et je m'assure que mes réponses reflètent vraiment un besoin de mon être en me posant la question suivante : « Ce que je veux obtenir va m'aider à être quoi? »

Qu'est-ce que je découvre en faisant cet exercice?

Samedi

Aujourd'hui, j'accepte que lorsque je veux quoi que ce soit, il se peut que ce soit au détriment des désirs des autres.

Suis-je prêt à aller jusqu'au bout de ce que je veux même si cela déplaît à certaines personnes?

Semaine 45 - La volonté

Dimanche

Aujourd'hui, j'énumère les actions à poser pour arriver à mes « je veux ».

Que suis-je prêt à faire pour manifester pleinement ce que je veux?

Semaine 46

L'autonomie

Il ne peut y avoir d'amour
véritable de soi et des
autres sans autonomie.

Lundi

Aujourd'hui, je me rappelle qu'être autonome signifie savoir ce que je veux, aller vers ce que je veux sans me laisser influencer à changer d'idée par quelqu'un d'autre. En plus, une personne autonome accepte de se faire aider, au besoin, par une autre, même si elle ne représente pas son premier choix.

À quel degré suis-je une personne autonome?

Mardi

Aujourd'hui, je réalise qu'il y a une différence entre être autonome et être indépendant. Une personne indépendante veut prouver qu'elle peut tout faire seule et se reproche d'être obligée de demander de l'aide à quelqu'un d'autre.

De plus, elle se croit redevable lorsque quelqu'un d'autre l'aide. Suis-je davantage une personne indépendante qu'autonome?

Mercredi

Aujourd'hui, je révise ce que signifie être dépendant : 1) dépendre de quelqu'un d'autre pour se sentir soutenu, apprécié, aimé, valorisé; 2) croire que je suis une personne importante seulement lorsque je suis en présence de quelqu'un d'autre ou quand je reçois de l'attention, des compliments, de la reconnaissance, l'accord ou l'opinion de quelqu'un d'autre; 3) pouvoir être bien ou heureux seulement lorsque ceux qui m'entourent le sont.

À quel point suis-je une personne dépendante?

Jeudi

Aujourd'hui, je porte attention à mes dépendances physiques qui sont là pour m'indiquer mon niveau de dépendance affective. Je fais une liste de tout ce dont je ne peux pas me passer pendant une semaine sans souffrir et de tout ce que je me contrôle à ne pas faire, manger ou boire. Mon degré de dépendance affective est au même niveau que ma dépendance physique. Le degré est évalué par la souffrance éprouvée lorsque je suis en manque et les conséquences de mes dépendances physiques.

Suis-je toujours d'accord avec mon degré de dépendance affective que j'ai constaté hier?

Vendredi

Aujourd'hui, je réalise que puisque mon degré de dépendance physique indique mon niveau de dépendance affective, cela implique que mon degré de dépendance affective m'indique mon niveau de manque d'amour et d'estime de moi-même, ce qui est la cause de mon manque d'autonomie.

Je me sens comment avec cette prise de conscience au sujet de l'autonomie dans ma vie?

Semaine 46 - L'autonomie

Samedi

Aujourd'hui, je prends du temps pour vérifier les peurs qui m'habitent et qui m'empêchent d'atteindre l'autonomie dans ma vie. Je fais une liste de ces peurs en vérifiant si je me base sur des faits pour continuer à croire en elles. Je vérifie avec les personnes concernées si ces peurs sont en rapport avec d'autres personnes.

Ces peurs sont-elles vraiment encore vraies pour moi?

Dimanche

Aujourd'hui, je note toutes les fois où j'ai eu une attitude dépendante depuis une semaine et je me donne le droit de manquer d'autonomie dans ma vie en réalisant que je suis sur cette planète pour apprendre à m'aimer davantage et, au fur et à mesure que je laisserai sortir cet amour qui est enfoui en moi, je deviendrai de plus en plus autonome.

Puis-je me permettre mon manque d'autonomie dans le moment? Quelle attitude je décide d'adopter pour confirmer cette acceptation?

Semaine 47

La sensibilité

Plus une personne essaie de cacher sa sensibilité, plus cela signifie qu'elle est nantie d'une très grande sensibilité.

Semaine 47 - La sensibilité

Lundi

Aujourd'hui, je prends conscience qu'être sensible représente un état d'être tout à fait naturel pour tous les humains. C'est la capacité d'être touché par ce qui se passe en soi et autour de soi.

À quel degré suis-je une personne sensible?

Semaine 47 - La sensibilité

Mardi

Aujourd'hui, je constate qu'il y a différentes façons d'exprimer ma sensibilité et que ces méthodes ne sont pas toutes bénéfiques pour moi. Par exemple, lorsque je vis des émotions, cela signifie de la sensibilité mal gérée. Il y a émotion lorsqu'il y a une perturbation intérieure à cause de l'accusation que je porte contre moi ou contre quelqu'un d'autre.

Combien de fois ai-je vécu des émotions aujourd'hui?

Semaine 47 - La sensibilité

Mercredi

Aujourd'hui, je réalise que, en plus des émotions, ma sensibilité est mal gérée lorsque je vis de la sensiblerie, c'est-à-dire lorsque je m'en fais pour un rien ou que je dramatise outre mesure pour un incident qui arrive, à moi ou à ceux que j'aime.

À quel moment suis-je porté à vivre de la sensiblerie?

Jeudi

Aujourd'hui, je sais que je vis bien ma sensibilité lorsque je vis des sentiments, c'est-à-dire lorsque je suis conscient de sentir ce qui se passe en moi sans aucun jugement de bien ou de mal, et lorsque je suis en train d'observer ce que je sens ou ressens.

Est-ce que je suis plus souvent dans mon senti ou dans mes émotions?

Vendredi

Aujourd'hui, je prends du temps pour vérifier ce que je ressens avec les personnes impliquées dans trois situations différentes. C'est un « ressenti » plutôt qu'un senti lorsque je qualifie ce que je vis par un nom plutôt qu'un qualificatif. Par exemple : je vis de la tristesse est un « ressenti » et je me sens triste équivaut à un senti.

Je me sens comment avec les « ressentis » observés dans ces trois situations?

Samedi

Aujourd'hui, je prends conscience de l'importance d'être en contact avec ma sensibilité, ce qui m'aide à savoir exactement ce qui se passe en moi et chez les autres plutôt que de décider mentalement sans vérifier. Cette sensibilité est aussi nécessaire au développement de mon intuition.

Que suis-je prêt à faire pour être plus en contact avec ma sensibilité?

Dimanche

Aujourd'hui, je fais une liste de tous les sentis vécus durant ma journée. Je prends du temps pour les observer sans me critiquer, même si certains peuvent être considérés comme négatifs. Le fait de les observer sans me juger aide à améliorer ma capacité de sentir.

Quels sont les avantages que je découvre en faisant cet exercice?

Semaine 48

La persévérance

La persévérance est une qualité très utile à développer par ceux qui ont décidé de créer leur vie telle qu'ils la veulent.

Semaine 48 - La persévérance

Lundi

Aujourd'hui, je me rappelle que la persévérance est la capacité de continuer à faire et à être ce que j'ai résolu, par un acte de volonté renouvelé.

Sur une échelle de 1 à 10, à quel degré, suis-je une personne persévérante?

Mardi

Aujourd'hui, je réalise que pour continuer à persévérer, je dois me rappeler ce que je veux sans me laisser influencer par ceux qui ne sont pas d'accord avec mes besoins.

Suis-je une personne influençable qui me laisse facilement convaincre de renoncer à ce que je veux?

Mercredi

Aujourd'hui, je fais une liste des situations où j'ai renoncé ou capitulé trop vite dans la réalisation de l'un de mes désirs depuis un mois. Je note à côté de chaque situation ce qui m'a poussé à renoncer plutôt qu'à persévérer.

Qu'est-ce que je découvre de moi en faisant cet exercice?

Semaine 48 - La persévérance

Jeudi

Aujourd'hui, je fais une liste des situations où j'ai persévéré et où j'ai atteint mes buts depuis trois mois. Je note à côté de chaque situation ce qui m'a incité à avoir plus de persévérance.

Qu'est-ce que je découvre en faisant cet exercice?

Vendredi

Aujourd'hui, je prends conscience des avantages à persévérer et je me demande « En quoi cela m'aide à avoir, faire et être » , en insistant davantage sur le « être ».

Ces avantages sont-ils suffisants pour me décider à développer davantage ma persévérance?

Semaine 48 - La persévérance

Samedi

Aujourd'hui, je me rappelle que la persévérance ne veut pas dire « entêtement ». Si le fait de continuer dans ce que j'ai décidé me demande des efforts qui sont au-delà de mes limites, je reçois le message qu'il est plus intelligent pour moi d'arrêter et de remettre à plus tard ou de changer de résolution.

Suis-je une personne assez flexible pour me permettre de cesser lorsque cela me demande trop d'efforts?

Dimanche

Aujourd'hui, je me rappelle trois désirs que je veux intensément pour moi d'ici trois mois, et je décide des actions et de l'attitude qui me seront nécessaires pour persévérer vers ce que je veux.

Je me sens comment avec cette décision?

Semaine 49

L'énergie

L'énergie est neutre, c'est-à-dire ni bonne ni mauvaise. C'est la façon dont nous l'utilisons qui la rend bénéfique ou non.

Semaine 49 - L'énergie

Lundi

Aujourd'hui, je suis attentif au niveau d'énergie que je possède à chaque heure de la journée. Je note les moments où je manque d'énergie et ceux où je me sens très énergique.

Quelles sont mes découvertes au sujet de mon propre niveau d'énergie?

Mardi

Aujourd'hui, je me rappelle que le niveau d'énergie que je dégage et que je génère dépend entièrement de ma façon d'être, donc de mon attitude intérieure. L'énergie est disponible en permanence, tout comme il y a constamment de l'air. Je suis le seul à avoir le pouvoir de me couper ou non de cette énergie universelle.

À quel point suis-je prêt à accepter cette réalité dans mon quotidien?

Mercredi

Aujourd'hui, je note les circonstances où j'ai eu beaucoup d'énergie depuis une semaine. J'inscris aussi quelle était mon attitude intérieure lors de ces circonstances.

Quels comportements et attitudes m'aident le plus à être en contact avec mon énergie?

Jeudi

Aujourd'hui, je note les circonstances où j'ai manqué d'énergie depuis une semaine et quelle était mon attitude intérieure lors de ces circonstances.

Quelles attitudes et comportements me coupent de mon énergie?

Vendredi

Aujourd'hui, je deviens conscient que chaque fois que je me sens responsable du bonheur de quelqu'un d'autre et que je trouve des solutions pour leurs problèmes, je me coupe de mon énergie. Ceci est dû au fait que je veux trop contrôler les résultats pour l'autre.

À quel point suis-je une personne qui veut trop pour les autres, m'oubliant ainsi?

Samedi

Aujourd'hui, je constate que je me coupe de mon énergie à chaque fois que je suis décentré. Les situations où je suis le plus souvent décentré sont celles où je vis des émotions, des peurs, des angoisses et où je cherche à contrôler. De plus, je réalise que lorsque je suis décentré, j'utilise ma réserve d'énergie et c'est pourquoi je me retrouve en manque.

Suis-je prêt à prendre ma responsabilité pour mon manque ou mon surplus d'énergie plutôt que de croire que c'est de la chance ou de la malchance?

Dimanche

Aujourd'hui, je réalise que tout ce qui vit est branché à l'énergie universelle et que tous les humains ont accès à cette énergie. Je n'ai qu'à demeurer centré le plus souvent possible pour accéder à l'énergie dont j'ai besoin pour réaliser mon plan de vie.

Que suis-je prêt à faire et à décider pour demeurer centré, donc branché à cette énergie?

Semaine 50

Les messages du corps

Le corps physique de l'être humain est le reflet exact de ce qui se passe en lui au plan psychologique, c'est-à-dire dans ses dimensions émotionnelle et mentale.

Lundi

Aujourd'hui, je me rappelle que mon corps est mon plus grand ami et qu'il est le reflet de ce qui se passe à l'intérieur de moi à chaque instant de la journée. Lorsqu'il souffre de quoi que ce soit, il ne veut pas me punir, il ne veut qu'attirer mon attention sur ce qui se passe en moi.

Est-ce que je suis conscient de ce grand ami et est-ce que je l'apprécie à sa juste valeur?

Mardi

Aujourd'hui, je suis particulièrement attentif aux messages de mon corps par la façon dont je m'alimente. Je note ce que j'ai mangé et bu et à quel moment de la journée. Je réalise que lorsque je mange par émotion (pour remplir un vide) ou par habitude ou par gourmandise, sans me demander si j'ai vraiment faim, cela signifie que je n'écoute pas les besoins de mon corps au même degré que je n'écoute pas les besoins de mon être.

Qu'est-ce que je découvre avec cet exercice?

Mercredi

Aujourd'hui, je note chaque malaise que je vis dans mon corps physique ainsi que les maladies dont je souffre dans le moment. Je prends le temps de dire merci à mon corps de bien vouloir attirer mon attention sur une attitude intérieure, même si je ne sais pas encore laquelle.

À quel point suis-je capable d'accepter que ces malaises et maladies sont des bénédictions qui me sont accordées?

Semaine 50 - Les messages du corps

Jeudi

Aujourd'hui, je deviens conscient que je peux connaître le message que mon corps m'envoie par un malaise ou une maladie en vérifiant l'utilité de la partie du corps qui fait mal. Je sais ainsi que j'entretiens une façon de penser qui me fait mal dans ce domaine.

Qu'est-ce que je découvre en révisant ainsi les malaises et les maladies que je vis dans le moment?

Vendredi

Aujourd'hui, je continue le travail amorcé hier sur les messages que je reçois à travers mes malaises et maladies du moment. Je découvre ce que je veux vraiment avoir, faire et être en me référant à ce que mes malaises et maladies bloquent dans mon corps physique.

Suis-je prêt à prendre une nouvelle décision et à suivre les directives de mon corps ou est-ce que je veux continuer à me bloquer physiquement et psychologiquement?

Samedi

Aujourd'hui, je prends le temps de décrire toutes les parties de mon corps physique avec le plus de qualificatifs possibles. Je découvre ainsi ce que je pense de moi, au niveau de mon être, et mon corps n'est qu'un reflet de ce que je crois être moi-même.

Si je n'aime pas mon apparence physique, je me sens comment à l'idée de changer ma façon de penser vis-à-vis moi-même?

Dimanche

Aujourd'hui, je suis attentif à toutes les fonctions de mon corps et à quel point il est là pour me servir et m'aider sans cesse. Je trouve un moyen pour me rappeler de lui dire merci le plus souvent possible.

Je me sens comment à faire cet exercice et quels en sont les avantages pour moi?

Semaine 51

Le moment présent

La réalité se trouve seulement dans le moment présent. Le passé et le futur sont des créations de nos dimensions émotionnelle et mentale.

Semaine 51 - Le moment présent

Lundi

Aujourd'hui, je me rappelle que vivre mon moment présent signifie être là où je suis et être attentif à la tâche que je fais sans être distrait par d'autres pensées ou par ce qui m'entoure.

Suis-je du genre à avoir de la facilité à vivre mon moment présent?

Semaine 51 - Le moment présent

Mardi

Aujourd'hui, je fais une liste de chaque activité de la journée et j'inscris à côté de chacune à quel point j'ai été dans mon moment présent.

Qu'est-ce que je découvre à faire cet exercice?

Mercredi

Aujourd'hui, je note les circonstances où j'ai particulièrement de la difficulté à vivre le moment présent. Je précise aussi ce qui m'empêche de l'être.

Qu'est-ce qui m'empêche le plus d'être dans mon moment présent? Suis-je surpris de ce que je découvre?

Jeudi

Aujourd'hui, je note les circonstances où j'ai beaucoup de facilité à vivre le moment présent. Je décris ce qui m'aide à l'être, ainsi que mon attitude intérieure.

Qu'est-ce qui m'aide le plus à être dans mon moment présent? Suis-je surpris de ce que je découvre?

Semaine 51 - Le moment présent

Vendredi

Aujourd'hui, j'observe, autour de moi, les personnes qui ont (selon moi) de la facilité à vivre leur moment présent. Je leur demande si elles savent comment elles y parviennent afin de me donner des outils additionnels pour mieux nourrir cette attitude.

Suis-je prêt à utiliser le plus d'outils possible afin de vivre davantage mon moment présent?

Samedi

Aujourd'hui, je fais une liste de tous les avantages à vivre le moment présent et les inconvénients à ne pas le faire.

Quelle est la décision que je prends suite à cet exercice?

Semaine 51 - Le moment présent

Dimanche

Aujourd'hui, je prends la décision d'être très vigilant toute la journée et de vivre le plus possible dans le présent, c'est-à-dire sans retourner dans le passé ou sans m'inquiéter pour l'avenir.

Je me sens comment après une telle journée?

Semaine 52

Le « je suis »

Je suis ce que je suis.

Semaine 52 - Le "Je suis"

Lundi

Aujourd'hui, je me rappelle que le « JE SUIS » est la raison d'être ultime de tous les humains, c'est-à-dire que nous sommes tous sur cette planète pour vivre des expériences d'ÊTRE ce que nous voulons pour nous permettre d'apprendre à nous accepter dans toutes ces expériences.

Est-ce que je suis souvent en contact avec ma raison d'ÊTRE?

Semaine 52 - Le "Je suis"

Mardi

Aujourd'hui, je prends conscience que j'ai appris qu'ÊTRE tout ce qui est considéré comme négatif ou mal par les humains, surtout par mes éducateurs, devrait être évité.

À quel point suis-je capable de m'autoriser à ÊTRE ce qui est considéré comme mal par mon intellect ou par mes proches?

Semaine 52 - Le "Je suis"

Mercredi

Aujourd'hui, je note chaque occasion où je me suis accusé, soit en paroles ou en pensées, d'ÊTRE une personne négative et je vérifie comment je me sens suite à ces accusations.

Est-ce que ces accusations m'aident à ne plus reproduire ces états d'ÊTRE ou, au contraire, elles font en sorte que je recommence de plus belle?

Jeudi

Aujourd'hui, je réalise que nous, les humains, pouvons ÊTRE ce que nous voulons ou choisissons, car c'est seulement ainsi que nous devenons conscients de ce qui est intelligent d'ÊTRE pour nous. Même si l'expérience s'avère négative, je peux la remercier, car elle m'aura aidé à devenir conscient de ce que je veux vraiment.

À quel point suis-je prêt à accepter de vivre toutes sortes d'expériences?

Vendredi

Aujourd'hui, je constate que je m'empêche d'ÊTRE ce que je veux ÊTRE à cause de mon ego qui veut continuer à diriger ma vie en se basant sur mes croyances et tout ce que j'ai appris par le passé. Je décide de me rappeler que mon ego ne peut pas connaître les besoins de mon ÊTRE.

Suis-je prêt à reprendre la maîtrise de ma vie pour me permettre de vivre toutes les expériences que je choisis?

Samedi

Aujourd'hui, je prends du temps pour m'observer dans mon attitude avec mes proches et je note chaque fois où je tente d'empêcher quelqu'un d'ÊTRE ce qu'il veut ÊTRE. Je réalise que c'est mon ego qui prend le dessus sur ce que JE SUIS lorsque cette situation se produit. De plus, je réalise que, ce je veux empêcher les autres d'ÊTRE, je ne me le permets pas aussi.

Je me sens comment à utiliser mes proches pour découvrir ce que je m'empêche d'ÊTRE?

Dimanche

Aujourd'hui, je sais que me permettre d'ÊTRE ce que je suis ne veut pas dire que je sois d'accord avec mon attitude ou comportement. Je me remercie d'avoir vécu l'expérience d'ÊTRE, car elle m'a aidé à me diriger vers ce qui est plus intelligent pour moi. Je me dirige donc vers une vie remplie d'AMOUR - acceptation de moi-même - et d'INTELLIGENCE - ce qui est mieux pour moi.

Puis-je me permettre d'ÊTRE CE QUE JE VEUX ÊTRE à partir de maintenant?

CONCLUSION

FÉLICITATIONS! Je veux reconnaître ta détermination, ton courage et ta persévérance. Ils t'ont permis de compléter ce livre et, plus particulièrement, de devenir beaucoup plus conscient, j'en suis assurée.

Je te suggère un dernier exercice pour conclure ce livre : prends au moins une heure de ton temps pour faire le point sur toutes les prises de conscience faites depuis le début. Ensuite, note celles qui ont eu le plus d'impact dans ta vie jusqu'à maintenant et félicite-toi pour le beau travail accompli.

De plus, vérifie les domaines où il est plus difficile pour toi de les transformer de façon bénéfique. Donne-toi le droit d'avoir ces difficultés en sachant que, pour chacun de nous, certaines croyances sont beaucoup plus tenaces, donc plus difficiles à gérer, car elles touchent des blessures plus importantes et plus souffrantes. Ce n'est qu'une question de temps et avec la persévérance dont tu as fait preuve en complétant ce livre, il n'y a aucun doute que tu arriveras à ton but de devenir maître de ta vie.

Il ne te reste maintenant qu'à continuer à mettre en pratique toutes les bonnes résolutions prises durant la lecture de ce livre et lors de la formulation de tes réponses. Pour les parties qui s'avèrent plus difficiles pour toi, tu as toujours accès à ce livre pour reprendre les exercices se rapportant à ces domaines en question.

Je te rappelle qu'il est recommandé de lire et de compléter à nouveau la série d'activités proposées dans ce livre, ultérieurement. Cela te donnera l'occasion de vérifier le chemin parcouru et ton évolution depuis le début de la première lecture.

Puisse l'amour devenir ton guide pour le reste de tes jours!

NOTES

NOTES

Les produits "ÉCOUTE TON CORPS" faciles à commander!

Par téléphone

Composez le:

(514) 875-1930

Ligne sans frais d'interurbain en Amérique du Nord

1-800-361-3834

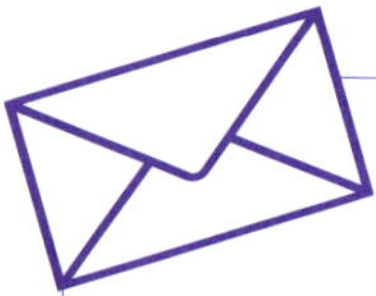

Par la poste

(voir adresse à la page C13)

Utilisez le bon de commande à la fin du livre (page C13)

Par télécopieur

(450) 431-0991

Envoyez le bon de commande à la fin du livre (page C13)

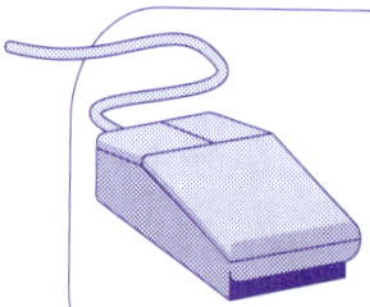

Par Internet

www.ecoutetoncorps.com

Visitez notre site web sécuritaire!

Jetez un coup d'œil sur le catalogue des produits et services!

Plus de 100 sujets passionnants

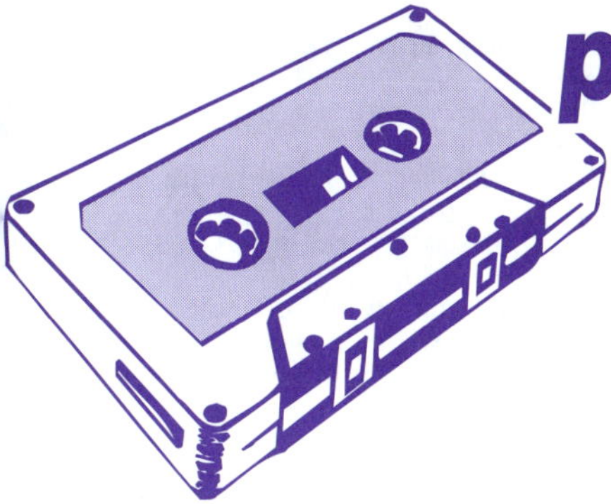

Conférences sur cassettes

Lise Bourbeau saura vous captiver avec les différents thèmes qu'elle aborde, vous faisant réfléchir tout en vous donnant le goût de créer votre vie plutôt que de la subir.

ÉCONOMISEZ	QUÉ.	CAN.	AUTRES PAYS
1 à 4 cassettes.......................	13,75 $	12,79 $	11,95 $
5 à 10 cassettes ....-10%	12,38 $	11,51 $	10,75 $
11 à 20 cassettes ....-15%	11,68 $	10,86 $	10,15 $
21 cassettes et plus ....-20%	10,99 $	10,22 $	9,55 $

Prix à l'unité / taxes comprises
Autres pays: Douanes et taxes locales non incluses

(C-01) La peur, l'ennemie de l'abondance

Les peurs inconscientes qui empêchent l'abondance dans les biens, l'argent, le succès, l'amour.

(C-02) Victime ou gagnant

Comment surmonter la partie victime en vous qui vous empêche d'obtenir ce que vous voulez.

(C-03) Comment se guérir soi-même

Toutes les différentes façons de créer un malaise ou une maladie et comment apprendre à les prévenir.

(C-04) L'orgueil est-il l'ennemi premier de ton évolution?

La description du comportement d'un orgueilleux, le prix à payer quand l'orgueil domine et quoi faire pour maîtriser l'orgueil.

(C-05) Sexualité, sensualité et amour

La différence entre la sexualité, la sensualité, la passion et l'amour véritable.

(C-06) Être responsable, c'est quoi au juste?

Cette conférence a pour but de vous aider à accepter que vous ne pouvez pas être responsable du bonheur des autres; que vous êtes sur Terre pour vous-même et que les autres sont là pour vous aider à vous connaître. Venez découvrir comment être une personne responsable plutôt que de vous sentir coupable.

(C-07) Avez-vous toujours l'énergie que vous voulez?

Grâce à cette conférence, vous découvrirez pourquoi vous manquez parfois d'énergie. De plus, vous recevrez plusieurs moyens pour garder votre énergie aux plans physique, émotionnel et mental.

(C-08) Le grand amour peut-il durer?

Ce qui empêche l'amour de durer et la signification du "don de soi". Divers moyens pour vivre le grand amour plus longtemps.

(C-09) Comment s'aimer sans avoir besoin de sucre

Le grand scandale du sucre depuis 400 ans sur la terre. Les effets du sucre chez l'être humain. Le sucre une compensation à un manque d'amour ou de confiance en soi. Le diabète, l'hypoglycémie.

(C-10) Comment évoluer à travers les malaises et les maladies

La définition métaphysique (cause profonde) de plusieurs malaises et maladies. La différence entre soigner médicalement et soigner métaphysiquement.

(C-11) Se sentir mieux face à la mort

Pourquoi a-t-on peur de la mort? Comment se préparer pour accepter sa mort et celle de nos proches? Quel lien y a-t-il entre la peur de mourir et la peur de vivre? Qu'arrive-t-il à l'âme lors de la mort du corps physique?

(C-12) La spiritualité et la sexualité

Le développement de l'énergie sexuelle. L'influence du complexe d'Oedipe sur notre vie sexuelle. L'homosexualité, l'inceste.

(C-13) Ma douce moitié, la t.v.

L'influence de la télévision dans notre vie. Se connaître à travers les émissions regardées.

Bon de commande page C13

(C-39) Le principe masculin-féminin en soi

La négation d'un de ces deux principes influence notre tendance à vouloir dominer notre conjoint ou à lui être soumis. Créer l'harmonie entre les deux. Une détente dirigée pour découvrir lequel des deux principes est le plus fort en nous.

(C-40) La planète terre et ses messages

Le lien entre les messages du corps et les messages de la Terre. Que signifient les raz de marée, les ouragans, les éruptions volcaniques et autres séismes.

(C-41) Sans viande et en parfaite santé

Connaître les effets de la viande chez l'humain. Comment s'habituer à un régime sans viande tout en écoutant les besoins du corps physique.

(C-42) Développer la confiance en soi

La différence entre avoir confiance et faire confiance. Plusieurs moyens pratiques pour développer la confiance en soi.

(C-43) Comment lâcher prise

La différence entre le contrôle, le lâcher prise et la soumission. Les nombreux avantages du lâcher prise et plusieurs moyens pratiques pour y arriver.

(C-44) Les croyances inconscientes qui mènent notre vie

D'où viennent les croyances. La différence entre celles qui sont bénéfiques pour soi ou non. Se défaire des croyances qui ne nous apportent pas le résultat désiré.

(C-45) Les peurs qui nous habitent

Le pourquoi des peurs. Voir le bon côté de nos peurs et les utiliser à notre avantage. L'agoraphobie. Comment dépasser les peurs.

(C-46) Quand le perfectionnisme s'en mêle

Rechercher la perfection en arrêtant d'avoir peur de se tromper. Lien entre le perfectionnisme, l'orgueil et la peur de dire la vérité. La véritable perfection.

(C-47) Le monde astral

Ce qui se passe dans ce monde subtil et invisible. Comment il manipule l'être humain. Quoi faire pour retrouver son propre pouvoir. Comment utiliser l'énergie astrale à son avantage.

(C-48) Comment vivre le moment présent

Qu'est-ce que "vivre son moment présent", comment y parvenir. Planifier le futur sans en être prisonnier.

(C-49) Êtes-vous libre, libéré ou manipulé?

Comment arriver à la liberté. Vérifier si vous dirigez vous-même votre vie ou si vous êtes constamment manipulé. La différence entre être libre, libéré ou manipulé.

(C-50) Sais-tu qui tu es?

Lorsque vous vivez des peurs, des émotions, des doutes... vous n'êtes plus vous-même. Des moyens pratiques pour apprendre à mieux vous connaître.

(C-51) Qui est ton miroir?

La technique du miroir: le moyen le plus efficace et rapide pour apprendre à se connaître et s'aimer davantage. L'utiliser de façon constructive.

(C-52) Se connaître à travers son alimentation

Apprendre à vous connaître davantage en interprétant vos habitudes alimentaires. Pourquoi vous avez tendance à manger salé, sucré, gras ou épicé.

(C-53) Les prophéties sont-elles vraies?

Comment interpréter les différentes prédictions, comme certaines faites il y a de ça quelques siècles pour la fin du monde en l'an 2000. Ne pas avoir peur et savoir composer avec ces prophéties.

(C-54) Comment se faire plaisir

L'importance de se faire plaisir. Reconnaître ce qui vous fait réellement plaisir et comment le faire... sans vous sentir coupable!

(C-55) Les messages du poids

Découvrir les causes profondes d'un manque ou d'un surplus de poids. Découvrir l'influence et l'impact de vos croyances et de vos pensées sur votre poids.

(C-56) Les ravages de la peur face à l'amour

Découvrir les peurs qui se cachent derrière l'orgueil, la jalousie, la dépendance, la passion et plusieurs autres émotions encombrantes.

(C-57) Quoi faire avec nos attentes

Quand doit-on avoir des attentes. Comment agir quand les autres ont des attentes envers nous.

(C-58) La méditation et ses bienfaits

Tous sur les bienfaits de la méditation. Les différentes techniques et comment la pratiquer dans son quotidien.

(C-59) Comment développer le senti

Ce qu'est le "senti". Développer son senti. Les émotions qui camouflent le senti.

(C-60) Bien manger tout en se faisant plaisir

Bien manger tout en se faisant plaisir et sans vivre de la culpabilité. Quoi faire lorsqu'on a le goût de manger quelque chose dont on n'a pas vraiment besoin.

(C-61) Le couple idéal

Découvrir ce qui cause la plupart des problèmes dans une relation de couple. Des moyens pratiques pour améliorer votre relation avec votre conjoint ou un futur conjoint.

(C-62) Les besoins du corps physique et énergétique

Ce qui nuit au corps physique et énergétique. Pourquoi le manque d'énergie. Des moyens pour être en super forme physiquement et énergétiquement.

(C-63) Les besoins du corps émotionnel

L'importance du corps émotionnel, ses besoins. Les écouter pour arrêter d'être émotif, tout en restant sensible.

Profitez du spécial sur l'achat de 5 cassettes et plus !

(C-64) Les besoins du corps mental
Comment a-t-on perdu la maîtrise du corps mental. Les besoins de ce corps , les écouter et redevenir maître de notre vie.

(C-65) Les besoins du corps spirituel
Être spirituel. La différence entre l'état spirituel, psychique et matériel. Laisser l'être spirituel en soi émerger pour connaître le vrai bonheur.

(C-66) Se guérir en s'aimant
Comment le fait de s'aimer véritablement peut apporter une guérison très rapide tant sur le plan physique, émotionnel que mental.

(C-67) La loi de cause à effet
Apprendre à utiliser cette loi immuable à votre avantage. Comment gérer votre karma.

(C-68) Le message caché des problèmes sexuels
Ce que révèle les problèmes sexuels. L'attitude à adopter pour les transformer.

(C-69) Comment dédramatiser
Comment vivre davantage dans la simplicité et arrêter les drames qui compliquent notre vie. Des moyens pour vivre moins d'émotions en ne dramatisant pas tout.

(C-70) Comment éviter une séparation ou la vivre dans l'amour. (partie 1)
Des moyens concrets pour éviter une séparation. Si elle devient inévitable, comment la vivre dans l'amour en limitant les répercussions sur soi ou l'entourage.

(C-71) Comment éviter une séparation ou la vivre dans l'amour. (partie 2)
Les questions et réponses qui ont suivi la conférence de Lise Bourbeau.

(C-72) Quelle attitude adopter face au cancer
Apprenez quelle attitude adopter si vous ou une personne qui vous est très chère est atteinte de cancer. De plus, venez découvrir les divers messages que cette maladie comporte.

(C-73) Recevez-vous autant que vous donnez?
Ce qu'empêche la récolte dans votre vie. Comment vous ouvrir davantage à l'abondance.

(C-74) Comment ne plus être rongé par la colère
Les effets rongeurs de la colère sur le corps physique, émotionnel et mental. Transformer une colère non bénéfique en une colère bénéfique.

(C-75) Possession, attachement et jalousie
Pourquoi devient-on trop attaché, possessif, jaloux. Comment être détaché sans avoir à renoncer à tout.

(C-76) Soyez gagnant dans la perte
Comment sortir gagnant de la perte d'un être cher ou de quelque chose de précieux. Apprendre quelque chose sur soi à travers la perte.

(C-77) Êtes-vous une personne nouvelle ou traditionnelle
La différence entre les deux. Les avantages d'adopter un mode de vie nouveau et comment y arriver.

(C-78) Dépasser ses limites sans "craquer"
Comment dépasser ses limites au niveau matériel, c'est-à-dire aux niveaux physique, émotionnel et mental, d'une façon saine et harmonieuse.

(C-79) N'ayez pas honte d'être vous-même
La cause profonde de la honte et comment elle se manifeste dans notre attitude et notre corps physique. Comment arrêter d'avoir honte en étant soi-même.

(C-80) S'épanouir et évoluer dans son milieu de travail
Comment choisir un travail qui nous convient. Pourquoi le garder ou non? Les différents moyens pour grandir, d'évoluer et de conscientiser par l'emploi que vous avez.

(C-81) Pourquoi et comment profiter de son temps
Le manque de temps est devenu un problème sérieux du monde moderne. Pourquoi le manque de temps et comment s'organiser pour mieux utiliser le temps consacré au travail, repos et jeu.

(C-82) Savez-vous vous engager?
Il ne peut y avoir de relation intime sans engagement. Comment s'engager et se désengager. Surmonter les difficultés de l'engagement.

(C-83) Accepter, est-ce se soumettre?
La différence entre l'acceptation et la soumission. Que signifie "accepter" véritablement? Les effets extraordinaires de l'acceptation. Comment atteindre l'acceptation inconditionnelle.

(C-84) Avoir des amis et les avantages de l'amitié
Pourquoi certaines personnes ont-elles des amis et d'autres non? Comment se faire des amis. La différence entre l'amitié vécue par l'homme et par la femme. Les critères d'une amitié durable.

(C-85) Vaincre ou en finir avec la timidité
D'où vient la timidité? Les symptômes physiques de la timidité. Comment faire face à ses peurs et vaincre la timidité. Comment se sortir de la timidité.

(C-86) Pourquoi et comment se réconcilier?
L'explication des différences entre les principes masculin et féminin qui sont la cause de bien des malentendus, rancoeurs et disputes. Les avantages d'apprendre le langage de l'autre pour en arriver à bien communiquer et se réconcilier.

(C-87) La chance est-elle réservée au chanceux?
Pouvez-vous devenir plus chanceux? Est-ce que le karma ou le destin suscite ou limite la chance et la malchance? Peut-on y échapper? Révélation des secrets des gens chanceux.

Commandez par téléphone pour un service rapide page C2

(C-88) Comment les rêves peuvent vous aider.

Pourquoi vous rêver? Les messages du rêves. Comment vous pouvez utiliser les rêves pour vous guider. Qu'est-ce qu'un rêve éveillé et un rêve prémonitoire. Comment se souvenir de ses rêves.

(C-89) Comprendre et accepter l'homosexualité.

Explications de l'homosexualité. Quels sont les liens entre le complexe d'Oedipe et l'homosexualité. La différence entre l'homosexualité féminin et masculin. Comment faire face au problème de rejet associé à l'homosexualité. Comment être heureux dans l'homosexualité.

(C-90) Comment faire respecter son espace

Savoir reconnaître son "espace" et des moyens pratiques pour le faire respecter. Comment savoir lorsque quelqu'un est dans votre espace et vous dans le sien. Les bienfaits de retrouver son espace vital, autant au plan physique qu'émotionnel et mental.

(C-91) Comment utiliser votre intuition

La différence entre l'intuition, la pensée, le désir et la voyance. D'où vient l'intuition. Des moyens pratiques pour la développer et bien l'utiliser.

(C-92) Quoi faire face à l'agressivité, la colère et la violence

La différence entre l'agressivité, la colère et la violence. Pourquoi vit-on dans un monde où la violence est présente. D'où viennent l'agressivité et la violence. La colère peut-elle être utile. Quoi faire avec sa propre violence et celle des autres.

(C-93) Pourquoi y a-t-il autant d'inceste

Venez découvrir pourquoi le "pattern" de l'inceste se perpétue souvent d'une génération à l'autre. Les différentes souffrances de l'incestueux, du conjoint et de l'enfant qui en est victime. Que peut-on faire pour aider une personne victime d'inceste? L'importance du pardon face à l'inceste.

(C-94) Êtes-vous dans votre pouvoir?

Comment faire la différence entre "être dans son pouvoir" et "vouloir avoir le pouvoir sur les autres". Comment être dans son pouvoir sans déranger les autres et sans devenir orgueilleux. Comment reprendre contact avec votre puissance intérieure pour développer votre pouvoir.

(C-95) Les faux maîtres

Êtes-vous cotre propre maître ou laissez-vous certaines situations diriger votre vie? Comment en devenir conscient et quoi faire pour reprendre la maîtrise de votre vie.

(C-96) Les secrets pour rester jeune

Demeurer jeune longtemps, est-ce seulement une question de génétique ou y a-t-il d'autres causes? Comment agir lorsque le corps ne veut pas suivre les désirs. Comment rester jeune et se sentir jeune.

(C-97) Découvrez ce qui bloque vos désirs

Lise Bourbeau vous aide à découvrir les causes qui vous empêchent d'avoir ce que vous voulez. Elle vous donnera aussi des moyens pour manifester vos désirs sans peur et culpabilité.

(C-98) Découvrez la cause de vos malaises ou maladies

Cette cassette vous enseignera à décoder la cause derrière un malaise physique ou une maladie. Ceci vous permettra de découvrir la cause profonde derrière ces problèmes ou d'aider quelqu'un dans votre entourage.

(C-99) Les blessures qui vous empêchent d'être vous-même

Cette conférence vous enseignera à reconnaître la ou les blessures qui vous habitent depuis très jeune et comment les guérir.

(C-100) Comment bien gérer le changement

Avec la venue de l'ère du Verseau, nous devons tous faire face à plusieurs changements. Pourquoi ces changements sont nécessaires? Comment les gérer dans l'harmonie et l'acceptation plutôt que la résistance.

(C-101) Les cinq obstacles à l'évolution spirituelle

Nous sommes tous confrontés à des épreuves pour vérifier si nous nous dirigeons davantage vers notre Dieu intérieur. Découvrez si vous avez bien passé à travers ces épreuves grâce à cette conférence.

(C-102) L'angoisse et l'agoraphobie

Cette conférence explique les causes et les effets de l'agoraphobie d'une façon unique à Écoute Ton Corps. Lise Bourbeau vous donne des moyens concrets pour dissoudre cette grande peur qui fait de plus en plus de ravages.

(C-103) Comment être à l'écoute de son corps

Votre corps est une alarme! Il reflète tout ce qui se passe à l'intérieur de vous. Apprenez, grâce à cette conférence, comment écouter les messages de votre corps pour savoir si vous êtes dans l'amour de soi.

(C-104) Est-ce possible de ne plus se sentir coupable?

Découvrez à quel degré vous vous sentez coupable et pourquoi. En plus, différents moyens pour arriver à ne plus vous sentir coupable seront enseignés afin d'arrêter de subir tous les effets nuisibles de la culpabilité.

(C-105) Comment résoudre un conflit

Grâce à cette conférence, vous apprendrez quelle attitude avoir et quels moyens pratiques utiliser pour régler un conflit autant au plan personnel que professionnel.

Conférences sur cassettes vidéo

(toutes les versions VHS disponibles (SECAM, PAL ET NTSC)

Prix: ext. du Canada: 24.95$; Canada: 26.70$; Québec: 28.70$ (taxes incluses)

VC-01 Ton corps dit: Aime-toi!

La conférence enregistrée lors du lancement du livre Ton corps dit: Aime-toi! Cette conférence sur vidéo vous aidera à utiliser le livre du même titre de façon à en retirer le plus de bienfaits possibles.

VC-02 Comment découvrir et gérer vos croyances

Découvrez les croyances qui empêchent vos désirs de se manifester. Apprenez une technique simple pour devenir votre propre maître au lieu de laisser vos croyances du passé diriger votre vie.

VC-03 Comment être à l'écoute de son corps

Votre corps est une alarme! Il reflète tout ce qui se passe à l'intérieur de vous. Apprenez, grâce à cette conférence, comment écouter les messages de votre corps pour savoir si vous êtes dans l'amour de soi.

Cassettes et CD de détentes dirigées et de méditations.

Prix: Cassettes: voir tableau page C3 CD: ext. du Canada: 14.95$; Canada: 16$; Québec: 17.20$

(ETC-33) DÉTENTE DIRIGÉE "JE SUIS"

Côté I: Détente de 30 minutes pour devenir conscient de vos désirs et besoins dans plusieurs domaines de votre vie.
Côté II: 30 minutes de musique douce.

(ETC-12) DÉTENTE DIRIGÉE "COMMUNICATION"

Côté I: Détente de 30 minutes pour faire une demande, un partage ou un pardon énergétiquement avec quelqu'un.
Côté II: 30 minutes de musique douce.

(ETC-13) DÉTENTE DIRIGÉE "PETIT ENFANT"

Côté I: Détente de 30 minutes pour entrer en contact avec le petit enfant en soi afin de mieux accepter ses peurs et ressentir de la compassion.
Côté II: 30 minutes de musique douce.

(ETC-14) DÉTENTE DIRIGÉE "SITUATION À CHANGER"

Côté I: Devenir conscient d'une situation pénible à vivre. Transformer votre vision en la revivant dans l'harmonie plutôt qu'avec émotion.
Côté II: 30 minutes de musique douce.

(ETC-15) Détente "Le PARDON" (disponible en CD)

Côté I: Détente de 30 minutes pour faire un pardon véritable avec une personne absente de votre vie ou pour se préparer à faire le pardon avec quelqu'un. Côté II: Musique douce.

(ETC-16) DÉTENTE DIRIGÉE "ABANDONNER UNE PEUR"

Côté I: Détente de 30 minutes pour aider à lâcher prise d'une émotion, un stress ou une situation difficile à vivre. Extrait de la technique *S'abandonner*.
Côté II: 30 minutes de musique douce.

(ETC-17) Détente "S'OUVRIR À L'ÉTAT D'ABONDANCE" (disponible en CD)

Côté I: Détente de 30 minutes utilisant sept étapes pour attirer plus d'abondance dans votre vie dans quelque domaine que ce soit. Côté II: Musique douce.

(ETC-03) MÉDITATION "JE SUIS DIEU"

Côté I: Méditation de 30 minutes sur le mantra d'Écoute Ton Corps.
Côté II: Comme le côté 1, mais musique douce seulement.

(ETC-21) MÉDITATION "NOTRE-PÈRE"

Côté I: Signification métaphysique du Notre Père lu par Lise Bourbeau. La prière du Notre-Père chantée par Monique Bertrand.
Côté II: Méditation en trois parties: Le mantra "Je suis Dieu" chanté, les attributs de Dieu et musique douce.

Commandez par téléphone pour un service rapide page C2

Albums Cassettes

4 cassettes audio pour le prix de 3!
(une économie de plus de 15$)

Prix: Québec: *40.21$* avec taxes **Canada:** *37.40$* avec taxe **Autres Pays:** *34.95$* sans taxes

Argent et Abondance (ALB01)
- *La peur l'ennemie de l'abondance (C-01)*
- *Comment se décider et passer à l'action (C-20)*
- *Prospérité et abondance ((C-16)*
- *Comment réussir à atteindre un but (C-30)*

Confiance en Soi (ALB02)
- *L'amour de soi (C-21)*
- *Rejet, abandon, solitude (C-31)*
- *Comment s'estimer sans se comparer (C-25)*
- *Développer la confiance en soi (C-42)*

L'Amour (ALB03)
- *Le grand amour peut-il durer? (C-08)*
- *Comment être à l'écoute de son coeur (C-28)*
- *L'amour de soi (C-21)*
- *Comment se faire plaisir (C-54)*

Comment Surmonter les Peurs (ALB04)
- *La peur, l'ennemie de l'abondance (C-01)*
- *Se sentir mieux face à la mort (C-11)*
- *Comment gérer ses peurs (C-45)*
- *Les ravages de la peur face à l'amour (C-56)*

L'alimentation (ALB05)
- *Comment s'aimer sans avoir besoin de sucre (C-09)*
- *Se connaître à travers son alimentation (C-52)*
- *Sans viande et en parfaite santé (C-41)*
- *Bien manger tout en se faisant plaisir (C-60)*

Détentes Dirigées (ALB06)
- *Détente dirigée "Je suis" (ETC-33)*
- *Détente dirigée "Petit enfant" (ETC-13)*
- *Détente dirigée "Communication" (ETC-12)*
- *Détente dirigée "Situation à changer" (ETC-14)*

Les Besoins des Corps (ALB07)
- *Les besoins du corps physique et énergétique (C-62)*
- *Les besoins du corps mental (C-64)*
- *Les besoins du corps émotionnel (C-63)*
- *Les besoins du corps spirituel (C-65)*

La Sexualité (ALB08)
- *Les messages cachés des problèmes sexuels (C-68)*
- *Sexualité, sensualité et amour (C-05)*
- *Le principe féminin et masculin (C-39)*
- *La spiritualité et la sexualité (C-12)*

Les malaises et maladies (ALB09)
- *Comment se guérir soi-même (C-03)*
- *Comment évoluer à travers les mal. et maladies (C-10)*
- *Se guérir en s'aimant (C-66)*
- *Découvrez les causes de vos malaises et maladies (C-98)*

Le travail (ALB10)
- *Retrouver sa créativité (C-35)*
- *S'épanouir et évoluer dans son milieu de travail (C-80)*
- *Pourquoi et comment organiser son temps (C-81)*
- *Comment bien gérer le changement (C-100)*

La culpabilité (ALB11)
- *Être responsable c'est quoi au juste (C-06)*
- *Savez-vous vous engager (C-82)*
- *Comment faire respecter son espace (C-90)*
- *Est-ce possible de ne plus se sentir coupable? (C-104)*

Bon de commande page C13

 Commandez pas téléphone pour un service rapide page C2

Auto-biographie de Lise Bourbeau

Je suis Dieu, WOW! (L-05)
Dans cette autobiographie au titre audacieux, Lise Bourbeau se révèle entièrement. Pour les curieux, un bilan des différentes étapes de sa vie ainsi que plusieurs photos. Comment une personne peut-elle en arriver à affirmer: "Je suis Dieu, WOW!"? Vous le découvrirez à travers son récit.
20.28$ Canada (taxe incluse) ou 18.95$ extérieur du Canada (taxes et douanes non incluses)

Collection Écoute Ton Corps

À travers les livres de cette collection, Lise Bourbeau répond à des centaines de questions de tous genres, regroupées par thèmes différents. Sont disponibles à l'heure actuelle, les sept livres suivants:

(LC-01) Les relations intimes
(LC-02) La responsabilité, l'engagement et la culpabilité
(LC-03) Les peurs et les croyances
(LC-04) Les relations parent -enfant
(LC-05) L'argent et l'abondance
(Ce livre est aussi édité en Italien par Amrita.)
(LC-06) Les émotions, les sentiments et le pardon
(LC-07) La sexualité et la sensualité

10,65$ chacun au Canada (taxe incluse) ou 9,95$ chacun à l'extérieur du Canada (taxes et douanes non incluses)

Collection Rouma pour les enfants

Dans cette collection, "Rouma" représente le Dieu intérieur qui aide les enfants à trouver des solutions à leurs problèmes.
(ROU-01) La découverte de Rouma
(ROU-02) Janie la petite
13,86$ chacun au Canada (taxe incluse) ou
12,95$ chacun à l'extérieur du Canada (taxes et douanes non incluses)

Jeu de cartes

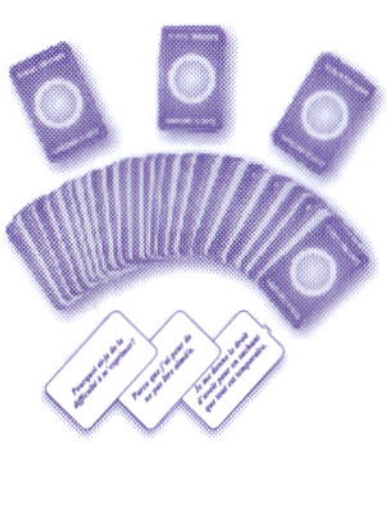

Ce jeu de cartes vous aidera quotidiennement à devenir conscient d'une difficulté faisant obstacle à votre bonheur (carte bleue), à découvrir la croyance non bénéfique qui se cache derrière cette difficulté (carte jaune) et suggérera un moyen concret pour revenir sur la route du bonheur (carte rouge).
LES CARTES ÉCOUTE TON CORPS (J-01)
13.75$ Québec (taxes incluses), 12.79$ au Canada et
11.95$ extérieur du Canada (taxes et douanes non incluses)

Bon de commande page C13

Ateliers sur cassettes

Animés par Lise Bourbeau

Enfin, des outils pratiques et efficaces pour améliorer votre qualité de vie… toujours à la portée de la main !

V-01

Le COFFRET-VIDÉO de l'atelier *"Écoute Ton Corps Niveau Un"*

Son contenu dynamique, pratique et interactif constitue l'outil idéal pour améliorer votre qualité de vie. À ce jour, ce cours a été expérimenté par plus de 20 000 personnes.

Ce COFFRET-VIDÉO comprend cinq cassettes vidéo de deux heures chacune et le matériel nécessaire permettant de faire les exercices suggérés; le tout dans un coffret pratique pour le rangement.

Prix: 224.30$ au Québec, 208.65$ reste du Canada (taxe/s incluse/s) ou 195$CND à l'extérieur du Canada. (taxes locales et douanes en sus). Ajouter 20$ pour les versions SECAM et PAL.

V-02

Le COFFRET-VIDÉO de l'atelier *"Écoute Ton Corps Niveau Deux"*

Enfin, un atelier qui vous permet d'approfondir davantage les notions apprises dans l'atelier *Écoute Ton Corps niveau un*. Il est structuré de façon à intensifier et rendre les résultats encore plus durables. Vous vivrez des expériences uniques chaque semaine en rapport avec les différents besoins des corps physique, émotionnel et mental et vous vous sentirez reconnecté de plus en plus à vos vrais besoins essentiels. 5 cassettes vidéos.

Prix: 201.30$ au Québec, 187.25$ reste du Canada (taxe/s incluse/s) ou 175$CND à l'extérieur du Canada. (taxes locales et douanes en sus). Ajouter 20$ pour les versions SECAM et PAL.

AA-01

Le COFFRET-AUDIO de l'atelier "Vendre avec coeur"

À l'aube du prochain millénaire, une nouvelle approche est nécessaire pour oeuvrer efficacement dans le domaine de la vente. Venez profiter des trente années d'expérience de Lise Bourbeau où elle a rencontré plus de 20 000 personnes. Cet atelier vous apportera:

- ✓ une plus grande confiance en vous-même et en votre produit;
- ✓ une méthode efficace pour aider le client à identifier son besoin sans exercer de pression;
- ✓ une technique d'écoute permettant d'accueillir le client quand il exprime ses besoins et ses objections;
- ✓ les moyens pour augmenter votre rendement sans augmenter votre stress.

Prix: 102.38$ au Québec, 95.23$ reste du Canada (taxe/s incluse/s) ou 89$CND à l'extérieur du Canada. (taxes/douanes locales en sus).

Commandez pas téléphone pour un service rapide page C2

BON DE COMMANDE POSTALE

# PRODUIT	QTÉ	TOTAL	POIDS (g)
	SOUS-TOTAL		
	FRAIS DE MANUTENTION		
	TOTAL		

N.B. Tous les prix sont sujets à des changements sans préavis.

POIDS DES PRODUITS

Livres (450g/ch)
Cassette de conférences ou détentes (75g/ch)
Coffret audio - atelier sur la vente (350g/ch)
Livres Collection Écoute Ton Corps (200g/ch)
Jeu de cartes et disque compact (140g/ch)
Albums-cassettes (350g/ch)
Livres Collection Rouma (300g/ch)
Atelier sur Vidéo (2650g/ch)
Conférence sur vidéo (235g/ch)

Service *ultra-rapide* en téléphonant avec carte de crédit
514-875-1930 ou 450-431-5336
si interurbain **1-800-361-3834**
Télécopieur: (450) 431-0991

Calculez le poids de chaque produit commandé, faites le total et référez-vous au tableau ci-bas pour les frais de manutention.

FRAIS DE MANUTENTION

	Service normal (1 à 2 semaines)
QUÉBEC:	$ 5.80
CANADA: *(Autres que le Québec)*	$ 6.80
ÉTATS-UNIS:	$ 7.80

AUTRES PAYS

	bateau 6-8 sem.	avion 1-2 sem.
100 à 500g =	$ 8,20	$13,20
600 à 1000g =	$12,10	$23,40
1100 à 2000g =	$16.00	$37,00
2100g à 2500g =	$26.50*	$46,20*
2600g à 3000g =	$30.00*	$55,00*
Plus de 3100g =	téléphonez-nous	

*Prix valide pour l'**EUROPE** seulement

Paiement par chèque ou mandat-poste à l'ordre de:

ÉCOUTE TON CORPS, 1102 boul. La Sallette, Bellefeuille, Québec, Canada. J0R 1A0.

CANADA: Chèque personnel, mandat ou carte de crédit.

EXTÉRIEUR DU CANADA: Mandat international en devises canadiennes ou carte de crédit.

☐ VISA Numéro: ____________________ Exp.: ____ / ____ (mois / année)

☐ MasterCard Nom du titulaire: ____________________

Signature: ____________________

☐ **CHÈQUE / MANDAT-POSTE**

Nom: ____________________

Adresse: ____________________

Ville: ____________________ Code postal: __________

Tél. résidence: (   ) __________ Tél. travail: (   ) __________

Nouveau !

été 2002

(L-09) *Prix:* ***Canada:*** *20,28$CAN taxe incluse* ***Autres pays:*** *18,95$CAN (sans taxe)*